DISCOVRS

ET ROOLE DES ME-
dailles & autres antiquitez tant
en pierreries, graueures, qu'en
relief, & autres pierres naturelles
admirables, plusieurs figures &
statues de bronze antiques, auec
autres statues de terre cuites à
l'Egyptienne, & plusieurs rares
antiquitez qui ont esté recueillies, & à present rangees dans le
Cabinet du Sieur ANTOINE
AGARD, maistre Orféure &
Antiquaire de la ville d'Arles en
Prouence.

A PARIS.
1611.

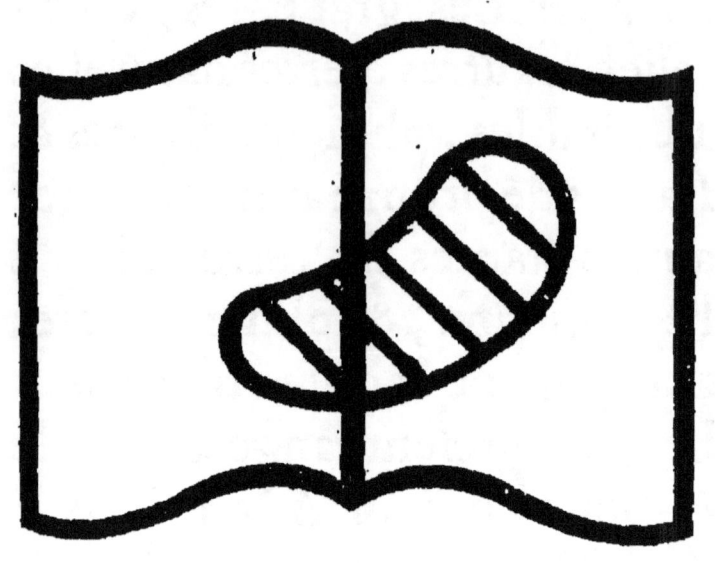

Illisibilité partielle

VALABLE POUR TOUT OU PARTIE DU DOCUMENT REPRODUIT

A MONSEIGNEVR DV VAIR, CONSEILLER DV Roy en ses Conseils priué & d'Estat: & premier President en son souuerain Parlement d'Aix en Prouence.

MONSEIGNEVR,
C'est vne verité aduoüee par le commun consentement des plus Sages, qu'vne ame recognoissãte & vn cœur liberal logez en vn pauure & infirme subiect, est vn martyre non petit, & vn bien fascheux tourment. Ce que i'espreuue maintenãt. car ayãt mille desseins d'honnorer vostre merite par quelque mienne action, ou plustost de satisfaire en quelque façon à l'obligation que toute la France & nommemẽt cete prouince a à vostre singuliere & admirable vertu, & d'ailleurs m'en recognoissant incapable, agité des coups diuers de mon deuoir & de mon defaut, ie me suis rendu curieux de faire vn larcin des plus riches thresors des deux maistresses du mõde pour le vous mettre en mains. Ces deux

A ij

rares flambeaux l'vn esclairant au iour de l'humanité, & l'autre parmy l'obscurité & tenebres de l'ignorance, & ces deux poles sur lesquels roule tout l'Vniuers en ses puissantes machines, sont la nature & l'art, qui se sont laissees rauir quelques pieces de leurs secrets pour vous estre dediez. Merueilleux effects de l'vne au violent attraict du fer & de la paille par l'ambre & par l'aimant au soudain arrest d'vn grand & bien equipé vaisseau à la production des pierres precieuses, leur laissant les vestiges des corps les plus rares & plus esleuez, & empreignant en icelles mille excellences, & son imitatrice aux testes artificielles qui articulent les voix aux mouches des bois volantes, aux ouurages si deliez, qu'ils esquiuent presque le sentiment. I'ay esté curieux de faire des recerches fort particulieres, les assembler, mettre en ordre, & conseruer pour contenter les braues, galands, & bien faits esprits, qui passans par nostre ville sont tresaises de les visiter, & quelquefois admirent ma patience à les auoir recueillies, & louent mon industrie à les maintenir: si toutes ces choses pouuoyent estre aussi disement transportees comme mon affectiõ asseurez vous (Mõseigneur) que ie n'eusse plaint ma peine à les faire traduire pour vous en dõner & la veüe & la possession si elles vous eussent esté agreables. Cependant i'ay faict vn racourci

& comme vne idee de tout ce qui est contenu en mon petit cabinet, que vous auez autresfois veu en sa naissance : mais l'ayant quasi perfectionné ie le iuge digne de vous estre presenté & offert, afin qu'en cete description que i'en fay, auec autant de verité que ie puis, vous ayez le moyen de cognoistre les particularitez des pieces qui y sõt comprises. Ie vous supplie (Monseigneur) de loger & donner place en vn coin dans ce grand louure de vostre bel esprit & capable entendement ce mien petit cabinet, & prendre la peine d'y passer quelque quart d'heure de vostre loisir à le visiter. Ie croy que vostre visite le rendra recommẽdable, & excitera les hommes desireux de sçauoir d'en faire cas (trop riche paye de mon trauail, puis que ie n'esperois & n'ambitionnois par icelui autre recompense que d'acquerir le tiltre de

      Vostre plus-humble & tres-
      affectionné seruiteur
      A. AGARD.

D'Arles ce 17. Aoust. 1611.

Πρὸς τὸν τὅτυ βιβλίυ ἀτυερὸν Τείσοιχον μέτρον.

Κεκρόπιος τελέεις Πακτώλοιο Δαίδαλος ὄφρα
Χρύσοιο σοὶ τέχνη μηχανέεργος ἔδυ.
Καὶ ὅτι σοῖο φύλαξ ἔργων ἦ δώια παλαιῶν
Τὺς μήτηρ πλύτυς σοί τε δέδωκε φύσις.
Ἀμφότεραι, Τέχνη φύσις ἤτε μάχοντο, ἑκάση
Ἅρα γε τῆς παλάμης ἄξια ξυνθέλεθεις.

HOC EST,

SOLERTISSIMO OPERVM
artis & Naturæ Magistro D.
ANTONIO AGARDO

Tristicon Metrum.

Cecropius quòd sis Pactoli dædalus auri:
  Ingenium dedit ars ingeniosa tibi.
Sed quòd prisca tui seruent inuenta Penates:
  Has natura parens suppeditauit opes.
Amba certarunt, Ars & Natura: Sed utra
  Victricis palma præmia commeruit.

FRANCISCVS SABBATERIVS
Arelatensis dicauit.

EPIGRAMMA.

Qui petis arctoas partes, Garamantas & Indos,
  Oceani fines quatuor atque plagas.
Siste, nec hic grauiter te longa morabitur hora
  Visure, haud spretam regibus vsque domum,
Qui cupis in varia interdum conuertere mentem,
  Vt recrees animum sufficit vnus Agard.

Ioannes Pellisserius. D.S.

IN ARCANA VETERVM
monumenta, à Domino Antonio
Agardo viro antiquitatis aman-
tissimo studiosissime reco-
lecta hectastichon,
Anagrammaton.

ANTONIVS AGARDVS
VT SVRGIT AD ANNOS.

Vt vidi, o veterum operosa dierum,
  Prisca tua veterum tot monumenta domi.
Tertius exclamo, veteres sic surgis in annos?
  Raraque præteriti temporis ista refers?
Quidquid habet maius cælum, mare, nubila, tellus,
  Cunctaque, musæo clausa, patentque tuo.
Pœniteat tantùm priscas itasse per annos,
  Currere adhuc, moneo, secla futura iuuet.
Sed satis est curres, cernin, VT SVRGIT AD ANNOS
  Eius in immensum gloria, fama, decus.

Franciscus Sabbaterius Arelatensis,
dicauit.

Au sieur Anthoine Agard de la ville d'Arles.

SONNET,

TON industrieuse main, ô Artiste graueur,
Ramassant des anciens les naturels visages
Pour nous representer tes beaux & grands ouurages,
Graue subtilement ton nom dedans le cœur.
 O excellent ouurier pour marquer ton labeur
L'Aymant, l'Ambre, & le glissant remoreau
Qui arreste le fer, la paille & le vaisseau
Dressent à la posterité de ton nom la grandeur.
 Voyez, peuples, voyez, dans son petit cercueil
La grandeur des Indiens, la gloire des Romains,
Lisez en ce liuret, chef-d'œuure de ses mains,
Des cieux & de la terre l'admirable recueil.

F. B. A. D. D.

EPIGRAMMA ACROSTI-
con, Anagramma

ANTONIVS AGARD
AGO MIRA NATVS.

AGARD fama volat per astra cuius
Non se tam vario colore pingit
Tellus florida vere pullulanti,
Ornat, quàm tua se domus figuris,
Non emblemmate sole pulchriore
Illic indiget, hic ducum refulgent
Vere stemmata, nobilesque gemma
Sospes tanta foue, tibi senectam
Aucto nestoream neant sorores,
Gaude digne potentiore plectro,
Aude fortia, quippe, Mira Natus,
Rebus, dicis, Ago, fruendo tantis.

Anthoine Agard, Au Lecteur, Salut.

AMY Lecteur. N'y ayant rien de plus recommandable parmy les Doctes, ny qui plus contente les esprits curieux, que la parfaicte cognoissance de l'antiquité, d'autant qu'elle nous represente, comme dans vn tres-clair miroir, l'estat & condition des siecles, long temps auant nous passez: & entre les membres & parties d'icelle, n'y a rien plus à estimer que la recherche des Medailles antiques, vieilles monnoyes, figures, reliefs & autres tels meubles de l'antiquité, qui dans vn petit enceint, comme dans vn tableau racourcy, nous font deuëment voir le portraict, la physionomie, & nous instruisent aux plus releuées actions des plus vaillans & valeureux Capitaines, & personnes illustres, que ces siecles ayent produict. Ce n'est point que tu t'estonne, recognoissant l'extreme labeur & despence que i'ay eu à des-enterrer, recueillir & ramasser vne infinité de pieces antiques & rares, que l'injure du temps, & la barbarie des nations estrangeres auoient cachees dans les entrailles de la terre, & parmy les masures & ruines des plus signalez bastiments, que leurs rages & furies les auroient forcé de demolir & destruire. Ce que d'autant plus volontiers i'ay entreprins & poursuiuy, que la plus part de ces antiques reliefs, medailles d'or & d'argent, cuiure, metal de Corinthe, larmoirs, lampes, vrnes, pierreries, graueures & autres telles raretez que tu verras cy-apres descrittes, ont esté trouuées durant ce dernier siecle, dans l'enclos de nostre tres-antique, renommée & fleurissante Cité d'Arles, iadis la sixiesme Colonie des Romains, (qui comme vn autre Cheual Troyen côtient & enserre dans soy, sinon les corps viuants, au moins les images approchantes du vif des plus releuez personnages.) Outre vne infinité d'autres, que diuers esprits attaints de semblable curiosité que moy, ont eu moyen de recouurer, à mon desçeu ou refus, tant elle est triomphante en si riches thresors. Si que i'ose dire & asseurer, qu'on ne sçauroit creuser & rechercher dans l'enclos d'icelle, en quel endroict que ce fusse, vn pied de terre, sans descouurir quelque eschantillon de ce tant precieux butin, comblé parmy vn tas de ruines des beaux & tres-somptueux edifices, palais, arcs triomphants, amphitheatres, & temples qui se treuuent en icelle Cité, & desquels nous voyons encores les immortels vestiges. I'en ay aussi recouuert plusieurs de diuerses autres parts, que la cognoissance de ma curiosité incitoit chacun à m'apporter: & pour rendre plus assouuy ce mien contentement, i'ay adiousté & rapporté comme en diuers chatons, à ce corps des antiques, vne infinité de raretez merueilleuses, & prodigieuses en nature, qui luy apportent vn singulier ornement. Et d'autant que les thresors cachez sont inutils, & que c'estoit chose fort punissable parmy les Atheniens, que de ne monstrer le chemin & droict sentier aux ignorans d'iceluy: Si bien ie sois coustumier de librement faire voir à ceux qui me visitent les beautez de ces antiques: Neantmoins, à fin que plus de gens en iouissent, & que ceux qui pour estre trop esloignez, ou autrement empeschez ne pourroient venir voir les principales chez moy, ayent quelque contentement, i'ay voulu faire la description ou sommaire des pieces contenues en ce mien recueil de Cabinet, & descouurir ce mien thresor des antiquitez pour seruir & remettre en chemin plusieurs persones moins doctes que curieuses, qui parmy l'obscurité des histoires se seroient escartees du sentier de la verité. Parquoy ie te prie, Amy Lecteur, ne me point reprocher vne si excessiue recherche, mais prendre ce mien labeur, auec la pareille bienvueillance que ie te le donne. T'offrant (si ton enuie s'y porte) la veuë des prototypes. Adieu sans Adieu.

DISCOVRS, ET ROOLLE

des Medailles & autres Antiquitez tant en pierreries, graueures, qu'en relief, & autres pierres naturelles, admirables: Plusieurs Figures & Statués de terre cuicte à l'Egyptienne, & plusieurs rares Antiquitez qui ont esté recueillies, & à present rangees dans le Cabinet du Sieur Anthoine Agard, Maistre Orpheure & Antiquaire en la ville d'Arles. Faict le 14. Nouembre mil six cens neuf.

Commencement des pieces d'artifices qui ne sont point antiques, toutesfois fines, belles, & tres-excellentes, & premierement.

Vne Nauette de Iaspe, heliotrope verd.
Chap. I.

VNE piece de Iaspe porphiré d'heliotrope verd, faicte en nauette, de deux pieds royaulx en longueur, quatre poulces en largeur, garny sus vn pied destral bois noyer vernissé, auec ses moulures autour, garny de gros grains riuez, sçauoir, Iaspes, Agattes, Cassidoines, & autres pierres fi-

B ij

nes; y ayant entre-deux pour chafque grain, vne pierre grauée fine, fichée à chacun defdits entre-deux & dans le bois, feruant audict pieddeftral d'embelliffement, laquelle eft pofée fur quatre boules, & fur ladicte nauette de Iafpe font affifes & pofées trois pyramides iafpé porphiré de diuerfes couleurs, de la mefme haulteur, chacune d'icelles d'vn pied & vn poulce, y ayant vne boulle d'Agatte riuée pour chacune, & entre les trois pyramides aux deux coftez, à l'vn eft logé vne piece de criftal garnie & enrichie d'argét doré, où il y a des lettres hieroglyphiques en relief, & au deffus vn globe de criftal fpherique & bien net, feruant de la haulteur de huict poulces: A l'autre cofté à main droicte y a vne petite colomne de criftal taillée à pan de trois pieces, auec vne bafe de porphire en ouale de belles couleurs, & au deffus de ladicte colomne y a vne figure & image de noftre Dame, d'iuoyre en relief, auec fon petit Iefus, & fon diademe de cornalline, de la haulteur de fept poulces le tout.

Vn Echequier de porphire.   Chap. 2.

Autre piece d'vn Efchequier à iouër aux dames ou efchecs de iafpe porphiré, de toutes diuerfitez de couleurs; le fond eft de iafpe porphiré verd, enchaffé dedans des carrés d'agattes, iafpes, cornallines, calcedoynes & autres parietes de pierres, auec vne frize autour, enrichies de mefmes pierres enchaffées bien proprement, de la longueur d'vn pied, trois poulces & demy, & en largeur d'vn pied & deux lignes.

Trois Pyramides de iafpe porphiré.   Chap. 3.

Autres trois Pyramides de iafpes porphiré verd, & noir auec les piedsdeftral & baffes tout de mefme, de la haulteur d'vn pied chacune, fes pieddeftrals de trois poulces pour chafque bafe, vne boule fur lefdictes Pyramides, vne tefte de Cherubin moulée & dorée contre lefdictes bafes feruant d'embelliffement.

Deux Pyramides de iafpe. Chap. 4.

Autres deux Pyramides de iafpe porphiré, de couleur blanc, noir & iaulne, bien madrez, de la haulteur de dix poulces, auec vne boulle au deffus de mefme iafpe, & fes pieds deftral d'albaftre Grec, de la haulteur de deux poulces & deux lignes.

Vne Table de porphire auec vn Cupidon. Chap. 5.

Autre petite Table de iafpe porphiré, de couleur gris & blanc, bien entre-meflé & marqueté, de la longueur de huict poulces, & de largeur cinq poulces & demy, garnie fur vn pied deftral de bois. Au deffus de ladicte table y a vne figure couchée en relief, en façon d'vn petit Cupidon en forme d'Ange, appuiée d'vn cofté fur vn rocher d'albaftre Grec & bien poly de la main & artifice de Michael l'Ange fculpteur, où fon nom eft graué au deffous de la tefte ayant deux petites aifles au cofté de fes efpaules, & de la longueur de ladicte table cy defignée, tenant en fa main droicte vne petite boulle de Caffidoyne en façon de monde, & vne croix de criftal au deffus, & à la main gauche tenant vne piece de criftal taillé à facettes, monftrant beaucoup de diuerfes couleurs, auec vn petit grain de Calcedoyne au bas dudit criftal.

Vne Boulle de criftal de roche taillée. Chap. 6.

Autre Boulle de Criftal de roche taillée auec fon pied de mefme, & au deffus vne petite co-

lomne, où il y a vne croix logee au deſſus, & en
definition, le tout de beau criſtal de roche & bien
tranſparant, de la haulteur de huict poulces &
demy, poſé ſur vn petit mortier d'albaſtre Grec, &
ſon pillon de meſme albaſtre, où ladicte boulle
de criſtal repoſe deſſus, auec ſon fond d'iuoyre.

Vne Croix de criſtal en ſix pieces.   Chap. 7.

Autre Croix de criſtal en ſix pieces, garnie d'argent doré autour auec trois grains de meſme en
definition, vn petit Crucifix d'argent doré au milieu, auec ſon diadeſme de cornaline. Ladicte
Croix eſtant platte, eſt de la haulteur de neuf
poulces, & quatre poulces en largeur, ſans les
grains du coſté, poſee ſur vn pied deſtral de bois
en couleur de iaſpe, auec vne pointe de criſtal
taillé à pan au deſſus dudict pied & au deuant la
Croix.

Vne Vrne antique d'Albaſtre Grec.   Chap. 8.

Autre Vrne antique d'albaſtre Grec tranſparante, faicte à gauderons deſſus & deſſous, auec ſon
pied par en bas, & ſon collet par en hault, s'ouurant au milieu du collet, & portant vne boulle
porphiree au deſſus où il y a vn Epitaphe graué
ſur vne Agatte enchaſſee en relief, eſcrite en lettre
Grecque, qui ſeruoit à tenir les cendres des anciens & illuſtres perſonnages.

Vne Pointe d'Amethiſte en roche.   Chap. 9.

Vn pied deſtral d'albaſtre, où il y a du iaſpe porphiré, madré & enchaſſé aux 4. parties, de la haulteur de trois poulces & demy, portant au deſſus
vne pointe d'Amethiſte en roche fine, faicte à
pans & naturelle, de la haulteur de deux poulces
& demy, & autant de diametre, & le fond tout
d'vne piece ſeruant d'ornement.

Vn plat Baßin de cuiure à la Turquesque. Chap. 10.

Vn plat Bassin de cuiure à la Turquesque, fait en façon de fontaine, où il y a vn petit pied de marbre au milieu, semé d'oualles, & l'ozanges de iaspes & porphires de diuerses couleurs, portant au dessus de ses pieds vne petite table en oualle, de porphyre, marbre de diuerses couleurs de la lõgueur la dicte oualle d'vn pied royal, & de 9. poulces de largeur ou enuirõ, ladicte table polie dessus & dessouz, accõpagnee de huict termes de cuiure, en figure dorez, deux boulles de Calcedoine & d'agatte pour chacun desdits termes, l'vne sus la teste, l'autre seruãt de base, & au dessus ladite table & à l'entour, & droit desdits termes, & en haut sont logez & posez d'assez gros grains de iaspes & d'agattes: entre-deux & à chacun desdits grains y a vn autre grain de Cassidoine au dessus, ordonnez & disposez de ladicte table auec des pointes de fer trauersant de haut en bas, & par dedans lesdits termes: Au milieu de ladicte table & en haut est logee vne figure d'yuoire auec son pied dudit bassin par en bas, & au dedãs desdits termes destral de mesme, d'vn petit Iesus tout nud, tenant vn monde en la main de la hauteur de huict poulces & demy: toute ladicte figure & pied destral & au bord sont logez & posez de gros grains de iaspes, calcedoynes & agattes, auec trois boulles de crystal au deuant, seruant d'embellissement, le tout porté sur vn pied destral de bois, taillé & enrichy de taille. Au deuant & dessus ladicte figure reposent trois petites pieces en forme de canon, auec tous ses roüages & affustez de cuiure, de la longueur de deux poulces & demy, bien proprement faits, & prests à tirer.

Vne Table de Iaspe garnie de pierres fines. Chap. 11.

Vne table, son fond de noyer auec ses mouleures regnantes autour, garnie dans le demy-fond du bas de pierres grauées fines & de toutes sortes en nombre de vingt-huict pierres, autour de ladicte Table posée sur quatre colomnes de bois de noyer, au dessus & contre ladicte Table est posé vn tiroir de bois auec quatre layettes enfonsées par dedans, auec des ronds creusez à dessein pour y loger grande quantité de medailles. Au dessus de ladite table, & à l'entour d'icelle sont posées quatre pieces de jaspe verd & de belles couleurs, faisant tout le quarré de ladicte Table, en façon de frize, de longueur & largeur de deux pieds en quarreure, & de la largeur de quatre poulces pour chasque piece; & au milieu de ladite Table y a vn quarré enchassé en marqueterie de la grandeur de quatre poulces en quarreure, & au dessus dudict jaspe quarré repose vne boulle de porphire jaspé sur vn pied d'agatte, & ladicte boulle est d'vne assez belle grosseur, où il y a à la definition deux globes de Calcedoyne, faisant ladicte pomme en sa haulteur sept poulces auec son accompagnement; & à costé de ladicte pomme, & d'vne part & d'autre sont posez deux cheuaux de bronze de l'antique fabrique, rampans & se tenans sur leurs deux pieds de derriere en l'air, bien artificiellement faicts, & à l'entour desdits cheuaux & sur ladicte Table sont enchassées plusieurs pieces en l'ozanges & en quarrures de porphire jaspées de maintes diuerses couleurs, seruant de marqueture, & embellissement à ladicte Table.

Vn grand Miroir de Venise. Chap. 12.
Vn grand Miroir de Venise, d'excellente fabrique, où il y a deux colomnes au costé de l'architecture de porphire marbré blanches & noires, &

bien polies, de la haulteur de neuf poulces pour
chafcune; Au deſſus ladicte fabrique de pluſieurs
jaſpes bien madrez & de belles couleurs, d'agattes, lapis & cornalines de belles grandeurs, ſui-
uant l'architecture de l'ornement, & enſemble
ladicte porte toute remplie de pluſieurs des ſuſ-
dictes pierres fines & proprement ageancées, faiſant en toutes leſdictes pierres fines poſées audict
miroir (comprins ſa porte, & la grande Agatte du
milieu) en nombre de vingt-ſept pierres fines; &
la glace du dedans dudict miroir eſt de criſtal de
roche bien taillé & poly, ayant de haulteur ladicte
table de criſtal neuf poulces & trois lignes, & ſa
largeur contient huict poulces moins vne ligne,
& toute l'architecture, ſans comprendre les deux
pyramides du coſté, a deux pieds trois poulces de
haulteur, & vn pied neuf poulces en largeur, le
champ damaſquiné de dorures en rabeſque, ledict miroir repreſentant bien le naturel.

Vn pied d'Helan.   Chap. 13.

Vn grand pied d'Helan, autrement dit la grand'
Beſte, & en Latin *Aſinus ſilueſter*, tout entier depuis le pied iuſques au genoüil, garny au deſſus
d'vn vaſe ſeruant à boire auec ſon couuert de
meſme, du bois de cedre, auec ſon pied pour le
porter eſtât de meſme bois, ou ſe boit dedás pour
la proprieté & excellence dudict animal, ayant en
toute ſa longueur deux pieds & ſept poulces.

Vne Corne d'Allicor marin.   Chap. 14.

Vne longue Corne bien pointuë d'vn Allicor
marin noir, & gris, & bien pointu par le deuant, le
dernier faict en façon de vis qui ſe tenoit contre
la teſte dudict animal, vne grande partie creuſée
par dedans, ayant de longueur en tout auec ſa

C

proportion deux pieds & deux poulces.

Cabinet de Venise. Chap. 15.

Vn Cabinet de Venise, fait en layettes & tiroirs, tout enrichy & damasquiné d'or, & couleurs excellentes dedans & dehors, de la haulteur d'vn pied & trois poulces, & en largeur d'vn pied & six poulces, où il y a à l'Architecture quatre colomnes de porphyre iaspé, & de belles couleurs, & tous les tiroirs & portes d'iceluy, & tous les mébres dudit, sont par tout remplis d'ornemens de Iaspes, Agattes, Lapis, & porphyres, en belle ordonnance, où se void vn miroir de cristal au deuant de la porte, se representant d'vne belle grandeur, & au dedans d'iceluy cabinet, & sur le hault au premier estage y a vne belle & grande branche de coral fin, & d'vne belle couleur bien forchuë, & remplie par tout, de la grandeur de sept poulces en toute quarrure. Nota que dans ledit cabinet il y a plusieurs autres medailles de toutes qualités, n'estant encores descriptes pour la haste du porteur.

Vne pierre dicte Stellaria maior.   1.

Encores à main droicte, y a vne pierre, appellee Lapis stellaria maior, qu'est vne merueille de nature de la haulteur de sept poulces & demy, & trois poulces vn tiers en largeur, où sõt les estoilles fichees & marquetees au dessus ladicte pierre, se correspondant à trauers ladicte pierre de l'vne à l'autre, estant toutesfois toutes differentes l'vne à l'autre, ladicte pierre represente en sa forme (comme elle est) auoir esté en façon de forme spherique, & d'estre vne cõgellation d'astre lumineux, des estoilles qu'ont desparty ses influences aux matieres terrestres, & dans la mer, pour faire paroistre ses effects & figures celestes, s'estant endurcie dans la mer, comme pierre dure, & seiche, & de grand merueille; estant venuë des Indes Orientales, trouuée dans la mer, en laquelle Dieu a voulu faire paroistre sa prouidence aux hommes, estant d'vne grāde proprieté & beauté.

Vne pierre d'Aymant. 2.

Au mesme estage, se trouue vne pierre Calamite, autrement dicte pierre d'Aymant, estant de la grosseur d'vne bonne noix, leuāt par sa vertu soudainement vne poignée de clouz de fer, & a part vne clef toute seule, du poids de la mesme pierre, qu'est d'vne excellente vertu & force.

Branches de Corail. 3.

A main droicte, au premier tiroir dudit Cabinet, se trouuent 5 pieces branches de corail, merueilleuses en leurs generations, ayans d'aucunes prins racine sur vne coquille d'vn bieu. Autres sur des escreuices coquillées, & transperçant encores le trauers de ladicte coquille par nutriment: estans toutesfois de belles & excellentes couleurs.

Trois medailles d'argent 4.

A l'autre tiroir du milieu, y a trois medailles d'argent assez grandes, l'vne du feu Roy François auec sa renuerse, l'autre du Roy Henry II. fils dudit feu François auec sa renuerse, & l'autre du Roy Henry IIII. à present regnant auec sa renuerse.

Deux petits Quadrans. 5.

Au troisiesme tiroir, & à main gauche y a deux petits quadrans, l'vn d'yuoire garny & doré, où se voit l'abaissement & situations des degrez à chaque prouince, ensemble le cours de la Lune, faisant sa voye ordinaire, & encores monstrant les heures de nuict & de iour: L'autre quadran est de cuiure doré, en façon des heures, bien enrichy & taillé dedans & dehors, demonstre l'abaissement & haussement de chacun degré à chaque region tant seulement, estant tout vermeil doré; y ayant encores dedans trois figures de porceleine, faictes en ouale, bien taillées en relief, l'vne d'vn sainct François, l'autre de la Vierge tenant son petit enfant, auec la Lune sous ses pieds, & vne nostre Dame de pitié tenant son enfant en son giron, de bonne & belle taille.

Coquille marine. 6.

A l'autre second tiroir de main droicte, y a vne Coquille marine, d'excellente beauté & lumineuse, claire comme cristal estant venuë des basses Isles Orientales, & au dessous de nous, estant en forme de pouppe de nauire, faicte à gauderons tousiours croissant ; Les anciens ayans prins la fabrique des vaisseaux sur la nature dudit animal (ainsi qu'est monstré par beaucoup de ses medailles) lequel animal en sa nature, auoit deux iambes, luy seruant de tymon pour nager & se conduire, deux aisles au dessus pour se couurir, lesquelles en marchant il esleuoit, & luy seruoit de conduicte & de voile, sa teste aduancée comme vn Limasson, & est chose non gueres veuë de nostre temps.

Vne Branche de Corail. 7.

A l'autre tiroir du milieu, y a vne branche de beau & excellent Corail fin, d'admirable couleur sur vn morceau de roche viue & bien dure, tenant partie de la nature de l'aymant, où ledict Corail se trouue fiché & nourry au dedans, auec vne petite branche de Corail couleur d'Isabelle.

*SENSVYVENT DOVZE
Anneaux de pierres fines à l'Indienne, dans l'autre
tiroir de main gauche & suyuans la
grandeur des doigts.*

PRemier Anneau Indien, d'vn jaspe Oriental fin, tout gauderonné au tour, & de couleur rouge sanguin.

Autres anneau Indien, de la haulte couleur, & bien sanguin de cornaline, propre pour y grauer vn cachet au dessus.

Autre de mesme, d'vne cornaline plus claire auec sa teste par dessus.

Autre deux anneaux de Calcedoine, auec leur teste.

Autres deux anneaux d'agatte, bien meslez l'vn à l'Indienne, l'autre à la Turquesque.

Autres deux de mesmes, de corail fin assez gros.

Autres deux anneaux de cornaline, moyens & d'assez belles couleurs.

Autre anneau de cornaline blanche, à la Turquesque.

Autre anneau de cristal taillé tout d'vne piece. Tous lesdicts anneaux, sont pierres fines, de belle taille, & tous d'vne piece.

Quatre oualres de Cuiure. 9.

A la laïette basse, & grand tiroir du bas, sont logées quatre grandes oualres de cuiure, bien esmaillees & de belles couleurs, auec histoires de Poësies, en façon de besongne de Limoges, de la main d'vn excellent ouurier, où y a, à l'vne vn Iason, à l'autre le mont Parnasse auec toutes ses nymphes,

C iij

à l'autre vn Mercure auec son caducee & son coq, & l'autre vne figure d'vne foy, tenant vn Crucifix en la main

Deux Cristals de roche. 10.

Deux autres cristals de roche, grands comme vn double ducaton, où il y a bien illuminé le Baptesme de Iesus Christ, & à l'autre la visitation de la Vierge auec saincte Elizabet.

Deux Cristals en ouale. 11.

Autres deux Cristals illuminez en oualle, de la grandeur d'vn ducaton, y estant la figure de Iesus Christ d'vn costé, & de l'autre, vne saincte Marie Magdaleine penitente.

Deux Croix de cristal. 12.

Deux Croix de cristal illuminées, seruant toutes deux à vne, d'vn costé Iesus-Christ en Croix, & la Vierge de l'autre auec testes de Cherubins au tour.

Autre Cristal. 13.

Autre Cristal illuminé, auec vne mort qui combat contre gens de guerre.

Autre Cristal en ouale. 14.

Autre Cristal illuminé en ouale, d'vne saincte Aphrée, estant enflammée dans vn feu.

Deux Iaspes Heliotrope. 15.

Deux iaspe heliotrope verts, y ayant à l'vn, vn sainct François, & à l'autre vn sainct Sebastien attaché au supplice auec ses flesches d'assez moyenne grandeur.

Vne Agatte grauée. 16.

Autre pierre d'Agatte grauée, où il y a vne figure apres l'antique, assise portant par victoire le Palladium de Troye.

Vn Lapis fin. 17.

Vn Lapis fin de moyenne grandeur & comme

vn fols, y ayant vne tefte d'vne Nymphe grauée.

Vn petit Iafpe Oriental. 18.

Vn petit Iafpe vert Oriental & bien fanguin, en façon de tablette, poly deuāt & derriere, n'eftant pas graué.

Autre Lapis moyen. 19.

Autre Lapis moyen, où il y a vn Crucifix, vne noftre Dame, & vn fainct Iean, maftiqué par le milieu.

Layette.

Dans ladicte Layette y a vn fond de bois, vuidé & percé pour loger les pierreries de Camaus en relief, qui font en nombre de vingt quatre pierres fines.

Premierement.

Vn Camaut d'vn jafpe heliotrope vert Oriental, de moyenne grandeur, où il y a la tefte de Iefus Chrift en relief bien taillée, & d'excellente main, parfemée comme gouttes de fang rouge, fignifiant la coronne d'efpine auoir efté oftée, & ladicte tefte eftre demeurée enfanglantée, eftant pierre fine & naturelle.

2. Autre Camaut antique d'vn Lapis lazury, où il y a vne figure de demy relief, d'vn ieune adolefcent Romain, fe lamentant, defefperant & tenant fes cheueux en fa main, auec vn linge autour du col, & deffus fes efpaules le bras nud, d'vne bonne taille.

3. Autre Camaut de moyenne grandeur, où eft la figure Iefus Chrift en relief de cornaline fine & biē taillée, & bien rouge, appuyée toute d'vne mefme nature, fur vn vifage & pourtraict de la Vierge fa mere, eftant d'Agatte fine & blanche, & le fond

de ladicte pierre de couleur verte qui est prhesme d'esmeraude, signifiant par ses trois natures de pierres (ioinctes en vne mesme piece) la nature de Iesus Christ comme rouge, estant glorifié par sa diuinité, son humanité saincte ayant prins nature de la pureté & blancheur de sa saincte Mere, elle ayant prins nature par la semence de la terre, (ainsi qu'il est representé par l'artifice de l'ouurier qui a taillé ladicte pierre de ses trois natures en vne.)

4. & 5. Autres deux Camaus en relief, Prhesme d'esmeraude fine, de moyenne grandeur. A l'vne, est le pourtraict & figure de Iesus Christ bien au naturel, à l'autre, celle de la saincte Vierge sa mere bien taillées & sculpées, & d'vne bonne main.

6. Autre Camaut d'agatte antique, de la grandeur des autres, où est vne teste en relief du pourtrait de Ioseph d'Abarimathie, auec son turbã en teste à le Iudaïque, vn des disciples de secrets Iesus Christ.

7. Autre Camaut d'agatte antique fine, où est vne assez grosse teste en relief, d'vne Meduze, entournée de serpens autour de sa cheuelure, au dessus les aisles de Mercure.

8. Autre Camaut d'agatte antique fine en relief, son fond de Calcedoine, où est la teste d'vn Auguste second Empereur, faicte à demy corps, auec son vestement sur le col, d'excellente main.

9. Autre Camaut de l'antique, le visage d'vne Indienne noire en Sardoine, le turban de la teste & linge du deuant, estant d'agatte blanche, qui signifie le linge estre blanc, & la figure noire, son frond d'agatte plus clair.

10. Autre Camaut d'Agatte blanche antique fine en relief, son fond est d'Agatte plus noire, où il y

à la

a la teſte d'vn Tarquin Roy des Romains, tenant au col comme vn ruban, & pendant de couleur d'agatte noire, & de ſuperbe main.

11. Autre Camaut d'Agatte blanche antique fine, le fond gris, du portraict d'vne Lucreſſe Romaine, qui fuſt violée par Tarquin, de meſme grandeur que l'autre, & bien poly.

12. Autre Camaut d'Agatte blanche de l'antique, où il y a la teſte d'vn Alexandre le grand en ſa ieuneſſe, bien armé & equippé, & ſon caſque en teſte d'excellente main, le fond d'agatte plus obſcure.

13. Autre Camaut de meſme apres l'antique, le fond gris, où eſt la teſte d'vn Domitian Empereur, fils de Veſpaſien, de bonne grandeur.

14. & 15. Autre petit Camaut d'Agatte blanche antique fine, le portraict de Iulia, fille de Iulius Ceſar, les cheueux couleur de Sardonio, & le veſtement eſt d'autre couleur, le fond d'Agatte plus obſcure tout de meſme nature de pierre, & vn autre de meſme Agatte de Caton le Ieune, biē taillé.

16 Autre Camaut de moyenne grandeur, & d'Agatte blanche antique, fine, d'vne ieune femme Romaine, ſon bras nud, bruſlant vn linge auec vne chandelle qu'elle tient en la main, le fond d'Agatte plus obſcure, bien taillée.

17 Autre Camaut d'Agatte blanche, antique, fine, ſon fond plus obſcur, où il y a la figure d'vne Cleopatra Royne d'Egypte, mourant par la morſure des Viperes appliquées à ſes mammelles, de fort bel artifice.

18. Autre Camaut de meſme en relief, où eſt la teſte d'Ariſtote Prince des Philoſophes, auec ſa grande barbe & longue cheueleure, de moyenne grandeur, ayant ſon fond d'Agatte noire, & de bel artifice.

D

19. Autre Camaut d'Agatte noire, fine, aprés l'antique, où est la figure d'vn Morisque Indien, noir, sa perruque & cheueleure blanche, comme elle vient par nature en vieillesse, selon l'ordre de leur nature, estant le fond d'Agatte plus grise.

20. Autre Camaut d'Agatte blanche antique, fine, & en relief, la teste & portraict d'vn Iulius César, premier Empereur.

21. Autre Camaut de mesme, du portraict d'vn Galba Empereur.

22. Autre petit Camaut de mesme, son fond d'Agatte tirant sur le rouge, où est le portraict de Trajan l'Empereur, de bonne taille.

23. Autre Camaut de mesme, le fond gris, où est le Iugement de Paris auec les trois Deesses, receuant la pomme d'or, de bonne taille, & tout en relief.

24. Autre petit Camaut de mesme, le fond de Cornaline rouge, où il y a vne figure prosternée, faisant sacrifice à vn bouc, luy seruant d'oracle.

Vne figure d'vn Hercules de bronze apres l'antique, & de bonne main, de la hauteur d'vn pied & vn poulce, tenant sa massue en main, assis & posé sur vn pied destral de bois peint & enuernissé, ledict pied ennisché d'vne petite figure au deuant & en relief, & au costé de ladicte figure y a vn Lezard moullé en plomb apres le naturel, creusé au dedans & de bonne grosseur, tenant en sa main dextre ledict Hercules, vn chatton de plomb, où il y a vne Spinelle ou Grenat Lydien, taillé à fazettes, net de pierre & de belle couleur & bonne grandeur, portant ledit Hercules en escharpe vn couteau au costé, logé au dedans par artifice vne escriptoire, sa mollette, son cachet, sa plume auec son caniuet bien industrieusement faict, & au dessous dudict destral, & sur ladicte figure se treuue vne petite laiette de bois, seruant audict pied destral, ayāt huict poulces en largeur en toute quarreure, y ayant trois laiettes tirantes, enfoncées en ronds par dedans, où sont posées plusieurs pierres antiques fines & autres de diuerse nature; qui sont apres designées.

Premieremet vne Sardoine.

1 Au tiroir de la laiette plus basse, à main droite, y a vne grande Sardonio antique fine, tenant de l'onyce, & de l'agatte tout autour, où sont grauez deux lyons, à costé d'vn chesne auec ses glands, Cachet des anciens Empereurs Romains bien industrieusement fait: & au milieu y a vne pierre d'vne Loupe de Saphis, en couleur de Ciel, & de belle grandeur où est vne Faustina l'emperiere, grauee au milieu de bonne main, de pierre antique, garnie ladicte pierre, d'vn ornement d'argēt doré auec termes & cherubins.

Deux Agattes en Camaut.

2 A l'autre rond, se treuuent deux agattes rompues antiques fines, en Camaut, l'vne d'vn Hercules, lors qu'il combattoit auec l'hydre, l'animal de Sardonio, & tout le corps d'agatte blanche, & le fonds plus obscur, luy manquant à sa teste vne partie de ladite pierre; l'autre vne demie agatte rompuë, d'vne vierge se deplorant contre les Cieux, d'vne belle taille.

Vn Lapis lazury quarré.

3 Au milieu dudit tiroir, se treuue vn lapis lazury quarré, de moyenne grandeur, antique & fine, où y sont grauees les sept plátes en figure d'vn costé; de l'autre costé y a vne figure toute entiere nuë,

D ij

d'vne Venus, le Soleil & la Lune par coſtez, auec des lettres hieroglyphiques tout autour, ladite figure eſtoit du temps des Egyptiens.

vne Cornaline fine.

4 Autre pierre antique Cornaline fine de belle couleur, d'vn coſté en relief, d'vn Scargothes animal Dieu des Egyptiës, eſtāt de l'autre coſté la graueure d'vn Prometheus, attaché ſur vne roche, lors que ſes entrailles furent deuorees des Vautours.

Nature de lapis sanguina.

5 Autre pierre antique fine de bonne grandeur, de nature de lapis Sanguina, fort dure, ou y a d'vn coſté, la figure d'vn Hercules Grec, lors qu'il fut victorieux du Palladium de Troye, qu'il portoit en ſa main dextre par les trophees: De l'autre coſté à main gauche, y a vn aigle Imperialle, eſcrite au coſté de ſes iambes, trois lignes de lettre Grecque, & au derriere de ladite pierre, y a vne Epitaphe dudit Hercules, auec ſept lignes de meſme lettre, le viſage duquel ſe treuue eſcraſé, pour eſtre ainſi trouué en terre, de la premiere facture de l'antique des Grecs.

Vn Iaſpe Heliotrope Oriental.

6 Autre pierre fine antique, du temps des Egyptiens, d'vn Iaſpe Heliotrope Oriental de moyenne grādeur, ou eſt d'vn coſté grauee la figure d'vn demon auec des aiſles, tenant ſon ſceptre en main, deux flammes de feu, comme cornes au deſſus de ſa teſte repoſant ſur vn lyon furieux, tenant vn chapeau de triomphe à ſon muffle, eſcrit de lettres hieroglyſiques au deuant, & par coſté (cōme ſe mōſtrant victorieux & prince du mōde pour lors.) A l'autre coſté de ladicte pierre, eſt grauee vne

deeſſe demonique, tenant en main vne palme de virginité, & à l'autre coſté vn ſceptre, deux figures humaines en bas, proſternees au deuant & derriere ladite figure, luy faiſant hommage, la cheuelure de ladite figure faite en pointe, & eſleuee à la façon, & faite en degrez, (comme les dames Françoiſes ont inuenté de nouueau) ayant toutefois encores deux pointes eſleuees par derriere de ſa teſte, eſcrite ladite pierre autour & par coſté de lettres & figures hieroglyfiques.

Vne pierre lizade Scargothes.

7 Au meſme tiroir, ſe treuue vne pierre lizade, de couleur verte & griſe, fine & antique, de bonne groſſeur, y ayant en relief la figure d'vn animal Scargothes, lequel les Egytiens adoroient, & tenoient comme Dieu.

Autre Scargothes.

8 Autre pierre antique fine, de couleur verte & couleur de Turquoyſe, y aiant en relief, autre figure Scargothes animal Ægyptien de moyéne grandeur auec pluſieurs autres fragments de pierres antiques rompuës.   *Vne pierre de Coral fin.*

9 Au ſecõd tiroir, & audit pied deſtral, & a main droite, y a vne pierre de Coral fin, de moyéne grãdeur y eſtãt graué vn S. Hieroſme au deſert faiſant penitence auec toute ſa roche: & à l'autre coſté la figure d'vn ſaint François auſſi en vn deſert, vn Crucifix au deuant receuant les Eſtimagtes en ſes mains: Au coſté de ladite pierre y a vne Cornaline fine, antique toute quarree, grauee en ſes quatre quarres, ou eſt graué à vne part vn Dictateur Romain: A l'autre vne legionaire, & aux autres quarres plus eſtroits, la figure de deux enſeignes Romaines.

Vn Iaspe rouge sanguin Oriental.

10 Au second rond y a vn Iaspe rouge sanguin Oriental antique & fin, de bonne grandeur, où est grauee la teste d'vne Fautina Grecque.

Vne grande Onyce antique fine.

11 Au troisiesme rond, se treuue vn autre Onyce grandette, antique fine, de beau gris, & noir, où est grauee la figure & teste d'vn Mercure auec son Caducee au deuant, d'vne bône & belle graueure.

Petit Camaut d'agatte.

12 Au quatriesme rôd, se trouue vn petit Camaut d'agatte fine & antique, de beau gris noir, & en relief, logé dans vn petit plat enfonsé de Cornaline y estant la teste d'vn ieune adolescent Romain portant la couronne de laurier à sa teste d'vne belle taille.

Vne teste de Populo d'Amethiste.

13 Au cinquiesme rond & à main droite, y a dans vne petite boëtte d'iuoire, vn Camaut, d'vne teste de Populo en Amethiste fine de moyenne grandeur, & de belle taille.

Cinq pierres de Stellaria minor.

14 Au sixiesme rond, sont logees cinq pierres ensemble, appellees Stellaria minor, trois desquelles sont comme en pointes taillees, pour loger à des anneaux, les autres deux, faites en forme de cœur, estât d'vne admirable vertu, (ainsi qu'en recitent les autheurs) où les estoilles & figures d'icelles sont representees au dessus, & à trauers desdictes pierres, & en ce mesme rond y a vne Cornaline fine, antique, ou est graué vn Mars armé auec son morrion, tenant son escu à sa main.

Vne Agatte fine, & plusieurs autres pierres d'Onice.

15 Au septiesme rond est logé vne agatte antique

fine, noire, blanche & rousse, ou est graué vn Mars auec son casque en teste, & vne Venus au deuant, discourant de l'amour, d'excellente graueure: Dans ce mesme rond y a vne autre Onice de beau gris & noir, ou y a deux figures grauees dedans, faisant signe d'alliance: Vn petit Iaspe rouge fin & antique, d'vne deesse Cibelle, la mere des dieux, couronnee de sa couronne murale. Autres deux pierres antiques fines nommees Stellaria maior, grises & semees d'estoilles, ayant mouuement, au dessus d'vne siette auec certaines acritudes naturelles que l'on y met au deuant.

Autre pierre comme Stellaria.

16 Au huictiesme rond y a vne grande pierre fine & naturelle, de couleur de gris clair, cōme celles de Stellaria, ou est logé en la nature de ladicte pierre vne figure enrichie, comme de damasserie, & marquetee comme damas (toutesfois pierre fine & naturelle en sa formation.)

Vne Agatte fine. 17.

Au neufiesme rond, & à main droicte, y a vn boüillon & demy grain d'vne Agatte fine, fort entremeslee & chamarree de diuerse nature: Dans ce mesme rond, y a vne petite chrysolite fine antique, grauee d'vn petit enfant, tenant vn Dauphin en sa main.

Vne cornaline fine, & autres pierres. 18.

Au dixiesme rond, se treuue vne cornaline fine, quarree, & percee au milieu, ses pans rebaissez dessus & dessous, escripte aux quatre endroicts: *Iesus Rege me semper*, des lettres blanches sur ladicte Cornaline, & d'vne fort belle facture, & d'excellente main. Et dans le mesme rond, vn iaspe rouge fin antique, ou y a vne figure, tenant le cheual Pegasus, auec ses aisles volantes qu'il veult ployer. Autre petit iaspe gris & verd, fin & antique, où est la teste d'vn Mercure, auec son chapeau de diuinité en sadicte teste.

Vn lapis Oriental. 19.

Au mesme rond, y a vne pierre fine Orientale, nommee Lapis luminosa, & argentine au milieu, sans aucune graueure noire autour, & transparante, estant pierre extraordinaire, & de proprieté singuliere.

Deux lapis appellés Serpentina. 20.

Au mesme rond, se treuuent deux pierres quarrées fines, de moyenne grandeur, s'appellant lapis Serpentina, entremeslees de couleur, comme iaspe gris & blanc, ayant proprieté à la morsure des serpens. Au mesme rond, y a vne Agatte fine antique, fort madree de couleur, & prolongee, y estant graué vn dieu Pan, iouant de son flageollet, auec vne queuë de Satyre. Au mesme rond, y a vne petite cornaline fine antique, où est graué vn lyon cherchant sa proye. Au mesme rond, y a vne pierre fine & naturelle, tenant de nature de turquoise, d'Oupalle, d'Ametiste, cornaline, & autres diuersités de iaspe, composee par merueille de nature.

Vne loupe de saphis. 21.

Au mesme rond, y a vne pierre, comme loupe de saphis, bien dure & transparante, n'y ayant rien de graué, estant fort antique.

Vne Agatte fine. 22.

A l'autre rond, y a vne agatte fine antique, madree de gris & de blanc, moyenne grandeur, où est graué vn sacrificateur, tenant sa lampe en main.

Vn iaspe

Vn iaspe rouge & vert. 23.

Au mesme rond, y a vn iaspe rouge & vert, bien madré, apres l'antique, de la figure d'vn Adonis, tenant sa flesche en main, le feu de sacrifice en l'autre, assis sur vne base de colomne, auec deux vases par costé, enflammees.

Vne cornaline, & vn lapis. 24.

Au mesme rond, y a deux pierres fines, sçauoir vne cornaline, & vn lapis grauees, à l'vne Iesus-Christ, à l'autre la Vierge saincte sa mere, de bonne graueure.

Deux agattes fines. 25.

A l'autre rond, & à main droicte, y a deux agattes fines & antiques, vne grossette, l'autre moyenne, où est naturellement la forme & figure de deux yeux, estant l'vn vn peu trouble, & l'autre vn peu plus clair (ainsi qu'arriue quelquefois par nature.

Autre agatte fine. 26.

Au mesme rond, y a vn'autre agatte fine, moyenne & bien madree, ou y a vn cachet mesparty, d'vn Ours d'vn costé, & deux bandeaux de l'autre.

Vn lapis lazuri fin. 27.

A l'autre rond, y a vn lapis fin lazuri, bien azuré & semé d'or, de l'antique fabrique, où est grauee la figure d'vn ieune Hercules, de belle graueure.

Petit cristal illuminé. 28.

A l'autre rond, & au fonds, y a vn cristal illuminé d'vn triomphateur, en vn chariot tiré par deux cheuaux, le conduisant en l'air: Au dessus dudict cristal, y a vne cornaline fine de moyenne grandeur & belle couleur, où il y a vn Saluator mundi de demy corps graué, d'vne bonne & industrieuse main.

Autre cristal illuminé. 29.

À l'autre & dernier rond, y a vn cristal illuminé, d'vne targette au milieu, auec des fleurs tout autour, & au dessus y a vne agatte fine moyéne & transparante, y ayant la figure d'vn Ecce homo en relief iusques aux cuisses.

Autres pierres parmy les entre-deux. 30.

Au milieu des grands ronds, & aux entre-deux, y a vne agatte moyenne, antique & fine, blanche & rousse, deux cheuaux tirans en triomphe, vn Anthonin le ieune, à costé y a vne sardonyo fine, d'vn viator qui mene par conduitte vn leurier en lesse, & encores vne petite chrysolite fine & antique, la teste d'vn ieune Romain. Encores vne presme d'esmeraude fine & antique, y ayant la figure d'vne Prudence.

Autre cornaline & autres pierres. 31.

Encores vne autre cornaline fine & antique, où est la teste d'vn soldat Romain, auec son casquet en teste. Autre petite cornaline fine & antique, d'vn berger tirant vn cheureau par sa queuë. Autre fine & antique Cornaline, & d'vne belle couleur y ayant vn cheual rampant au deuant d'vne fueille de chardons. Autre Cornaline fine de bonne graueure, où est la teste & figure de Iesus-Christ en petit volume. Vne teste de populo d'Amethiste fine en relief, vn grenad Lydien taillé à pans, apres l'antique où est la teste d'vn Titus Vespasian. Vne petite Agatte noire antique fine où y a la figure d'vne victoire auec ses aisles.

Vne petite cornaline. 32.

Vne autre petite cornaline fine & antique d'vn rustique esuentrant vn lieure. Autre petite pierre fine & naturelle, tenant vn bandeau d'onyce, d'agatte, & de cornaline tout autour.

Petit Grenat fin & autres pierres. 33.

Autre petit Grenat fin caué par deſſouz, où eſt graué vn gladiateur. Autre petite agatte rouſſe, d'vn blanc bandeau à trauers, y ayant vn Cupidon. Autre petite cornaline antique où y a vne Læda auec vn cigne graué. Et dans leſdits tiroirs, & auſdits entredeux, y ſont des Grenats, des Emeraudes, & autres pierres fines non deſignees, pour n'eſtre prolixe qui rempliſſent les creux des trous dudit tableau. Autre petit tableau, & dernier tiroir du pied deſtral dudit Hercules, où ſont enfoncees, & logees les pierres que s'enſuyuent.

Premierement vne Cornaline. 34.

Au premier rond & à main droite y a vne bien grande cornaline fine, antique, & bien grauee, y eſtant la Vierge Marie tout au long rayonnee d'vn Soleil tout autour, tenant la Lune ſous ſes pieds. Au meſme rond y a vne pierre fine & naturelle taillee en pointe, de nature d'onyce en bas d'agatte au milieu, & de Sardonio à la pointe.

Vne autre grande Cornaline. 35.

A l'autre rond y a vne belle & grande Cornaline antique fine, & de haute couleur, tranſparante cōme hyacinthe, où eſt grauee la figure d'vne Ceres à deux corps, l'vne s'appuyant ſur ſon bras tenant audeuant vne verge attachee auec des eſpics de bled d'vne excellente graueure.

Vne autre Cornaline fine. 36.

Au meſme rond y a vne autre moyenne Cornaline fine & antique, grauee d'vn Mars au milieu armé de ſa lance, & de ſon eſcu auec des rayons autour de ſa teſte. Au meſme rond, y a vne cornaline fine vn peu depolie, de la graueure d'vne Pallas.

E ij

Vne autre grande Cornaline fine. 37.

A l'autre rond y a vne belle & grande Cornaline fine & antique, & de belle couleur, où est grauee vne vierge prosternee au deuant d'vn autel de l'idolle de Pallas, appuiee contre vne colomne par derriere estant escheuelee & toute nuë, faisant son sacrifice.

Vne grade Topasse. 38.

A l'autre rond y a vne grande topase fine & antique d'excellente graueure, & transparante, où est graué vn Mars, & vne Venus, tous nuds se regardans l'vn & l'autre auec honte de leur pudicité; Venus ayant vn petit voile au deuant de ses cuisses qu'elle auoit baissé.

Vn petit camaut d'agatte fine. 39.

A l'autre rond y a vn petit Camaut d'agatte fine & antique dans vne boette d'Ebene, le fonds tirát sur la cornaline où y est en relief la figure d'vn Vitellus Empereur.

Deux coquilles d'agattes fines & Orientales. 40.

A l'autre rond sont deux coquilles d'agattes fines & Orientales, bien madrees & creuses par dedãs, propres à faire vne boette pour loger quelques figures au dedans : Et encores vne pierre fine orientale d'vne hiacynthe taillee à pans, au dedans y a vne figure d'vn Claudius Cæsar.

Vne Sardonio fine. 41.

A l'autre rond y a vne Sardonio fine, d'excellente graueure : au milieu y est posé le Soleil auec les douze signes celestes tout autour, grauee d'vne moyenne grandeur & transparante, & encores vn Camaut d'agatte blanche, le fonds gris, où il y a en relief la teste d'vne Amazonne, son casque en teste, sa frontiere deuant, armee, & d'vne bonne taille. Au mesme rond y a vne naissance & congellation de perle, estant comme vne corne d'abondance de plusieurs sortes de fruits par dedans, que la nature a produit par sa puissance, d'vne bonne grandeur.

Six onyces fines. 42.

A l'autre rond, sont logees six onyces fines, & toutes antiques, meslees de gris & noir moyennes, auec de bonnes graueures antiques par dedans, en l'vne desquelles y a vne ligne escripte au trauers en lettres Grecques, & les autres de diuersités de figures, que pour euiter prolixité n'ay voulu faire mention: sauf que dans lesdictes onyces, y ait vn camaut d'agatte, blanc & roux, où est le portraict d'vne femme emperiere, auec cornes sur sa teste bien taillee, estant pierre antique & fine.

Vn camaut d'agatte fine. 43.

A l'autre rond, y a vn camaut d'agatte fine & antique, & dans vne boëtte, où est grauee la figure de Caton l'orateur.

Autre camaut de mesme. 44.

A l'autre rond, y a vn camaut d'agatte fine antique, d'excellente taille, où est grauee la figure d'vn Vespasien Empereur Romain.

Vne cornaline fine. 45.

Au mesme rond, y a vne cornaline fine & antique, grauee d'vn ioüeur de flageollet, qui ioüoit au deuant d'vn simulacre sur vne colomne. Autre petite cornaline fine & antique, d'vne Ceres, tenant vne poignee d'espics en sa main. Autre plus grosse cornaline fine & antique, & ja depolie, où est la teste d'vn Hercules, auec vn chapeau de laurier sur sa teste, vn peu escrasee pour son antiquité.

Autre camaut d'agatte fine. 46.

A l'autre rond, y a vn camaut d'agatte fine & antique, grife & blanche, ayant eftè autrefois plus grand, mais racourci pour le dommage que ladicte pierre a receu, reduicte à prefent en ouale, où fe void vne figure à demy corps, tenant vn chapeau de triomphe en main, le mettant fur vn trophee d'armes, & boucliers de defpoüille qu'elle a deuant foy. Au mefme rond, y a vne agatte fine & antique en relief, dans vne petite boëtte d'ébene, ou eft vn oifeau marin, tout femé de blanc & noir fur fon plumage, comme nous eft monftré par la nature, eftant fur les eaux, & de belle taille. Au mefme rond, y a vne cornaline fine & antique de moyenne grandeur, & d'vne belle graueure, où eft graué vn Conful Romain, ayant fon cafque en tefte, eftant ja vn peu depolli & efcrafé, pour fon antiquité.

Vn camaut d'agatte fine 47.

A l'autre rond, y a vn camaut d'agatte fine, en relief, au milieu eft vn monftre marin, rauiffant & emportant vne nymphe fus fon dos en la mer, joüant du flageollet, & d'yne belle taille, accompagnee toutesfois ladicte agatte, de fept onyces fines & antiques, de beau gris & noir, & de graueures antiques de toutes fortes, defquelles pour prolixité n'ay voulu difcourir.

Autre camaut d'agatte fine. 48.

A l'autre rond, y a vn camaut d'agatte fine & antique, où eft vn Cupidon tout entier, s'appuyant fur vne corne d'abondance en main droicte, & de l'autre cofté appuyé fus vn morceau d'vne colomne d'excellente main.

Autre camayt de mesme 49.

A l'autre rond y a vn autre camayt de mesme, dans vne petite boëtte d'ébene, vn perdreau de cornaline rouge en relief, auec ses plumages, d'vne bonne taille.

Deux pierres fines. 50

A l'autre rond y a dans vne petite boëtte d'Ebene, deux pierres fines & antiques, l'vne cornalline quarree, auec des lettres latines en relief, au dessus estant d'agatte blanche; l'autre faicte en ouale, de nature d'onyce, le fonds noir, escrite par dessus, de deux lignes de lettres Grecques, qui sõt d'agatte blanche, & de beau artifice.

Vne agatte rousse. 51.

A l'autre rond, se treuue vne boëtte d'ébene, ou y a vne agatte rousse de couleur de chair, où y a vne fidelité Romaine, de deux mains se promettant vne nuee, signifiant les cieux, & le bas de la terre, monstrant alliance perpetuelle. Au mesme rond se treuue vne agatte fine, madree & rousse apres l'antique, & de bonne taille, où est la teste d'vn Iulius Cesar premier Empereur, auec son augure & l'estoille au deuant.

Deux cornalines & autres pierres. 52.

Aux entre-deux desdicts ronds, sont deux cornalines fines & antiques, sçauoir l'vne de plusieurs animaux, & de diuerses natures, en petit volume; & l'autre ja depolie d'vne victoire, tenant ses armes sur vne piece de bois, toutesfois toutes deux de belles couleurs. Et encores vne petite sardonio antique & fine, où y a vne corne d'abondance au milieu, auec des espics de bleds & fruictages és costés. *Deux cornalines fines.* 53.

Deux cornalines fines, belles en couleur, & de iolie graueure, l'vne qui est antique, y ayāt vne teste d'adolescent: l'autre est vn cachet, où y a vne aigle grauee sur vne roche.

Autres deux cornalines. 54.

Autres deux cornalines petites, antiques & fines, l'vne d'vn ancien assis se reposant, & l'autre d'vn ieune adolescent, tenant vn oiseau entre les mains. Et quelques autres pierreries fines, partie grauees, partie non, qui sont dans lesdits entre-deux n'estant pas designees.

Vn Pierrier remply des pierres. Chap. 17.

Vn pierrier de noyer, où y a six tiroirs petits en augmentant, auec vn bouton d'agatte par dessus, de largeur de huict poulces, & cinq poulces au quarré; où y a au premier membre du hault, six pierres fines, parties grauees parties non, & de plusieurs natures de pierre.

Au second estage, y a douze autres pierres fines grauees de toute espece de nature.

Au tiers estage, y a dix-huict pierres fines, sans aucune graueure, de plusieurs natures de pierre en leur espece & naturel.

Au quatriesme estage, y a dix-huict pierres fines, & naturelles, bien pollies, de diuerse nature & proprieté, toutes de belle couleur.

Au cinquiesme & dernier estage, qui porte son fonds, sont logees vingt-huict medailles d'argent antiques, de diuers Empereurs, & autres Romains, qui seront cy apres designees, au lieu & place des medailles.

Vn pied destral auec trois tiroirs. Chap. 18.

Dans vne autre layette, seruant de pied destral, où se repose vne grande figure de bronze antique, auec son pied destral de bois, ladicte layette, de la

grandeur

grandeur d'vn pied en toute quarrure, & de sept poulces d'haulteur, où y a trois tiroirs au dedans, auec des mufles d'argent doré, & ayant anneaux en bouche pour les tirer, & à chacun desdits trois tiroirs, reposent trois fonds de tablettes dudict bois enfoncees, ou sont logees des medailles & medaillons antiques, de metal de Corinthe, cuiure, or, & argent, comme seront plus amplement designees aux lieux & places des medailles; entre lesdictes tablettes, & à costé du milieu, & au fonds des trois, y a vne tablette enfoncee de pierres fines & antiques de diuerses especes, selon la designation que s'ensuit cy apres.

Premierement vne cornaline fine. 1.

Au premier rond, & à main droicte y a vne cornaline fine fort antique, & d'haulte couleur, & bonne grandeur, ou y a d'vn costé quatre lignes escriptes & grauees de lettres Grecques, & de l'autre costé, est la forme & graueure d'vn serpent, autour, auec lettres hieroglyphiques, ou characteres au milieu.

Autre cornaline 2.

A l'autre rond, y a vne autre grosse cornaline antique, & haulte en couleur, grauee d'vn ieune legionaire Romain, auec son linge en escharpe, à demy nud, tenant son escu & rondache en main & en deffence.

Vne agatte fine orientale. 3.

A l'autre rond, y a vne agatte fine Orientale, sans aucune graueure, madree, & diuersifiee, comme les nuées du ciel, estant grise, blanche, & rousse, & de fort beau meslange (toutesfois fort naturelle.)

Vne grande cornaline fine. 4.

A l'autre rond, y a vne fort belle & grande cor-

F

naline de belle couleur, & superbe graueure, fine & antique, y ayant l'histoire de six figures au dedans, sçauoir de l'Empereur assis sur son siege Imperial, couronné de la couronne de triomphe, & deux figures au deuant prosternees les portant par les costés, les tenant par la main, & luy rendant honneur, & tout proche vn dieu Mars, son casque en teste (toutesfois tout nud) les regardant & luy promettant bailler faueur, & toute assistance par sa diuinité, estant pierre fort transparante.

Autre cornaline fine. 5.

A l'autre rond y a vne autre belle cornaline fine & antique, assez grande, & haute en couleur, où est graué le chariot de Phaëton conduisant ses deux cheuaux aislez, suiuant la voye de son pere Phœbus de superbe graueure.

Autre cornaline fine. 6.

A l'autre rond y a vne autre cornaline fine apres l'antique grauee, & de moyenne grandeur, où est grauee la deesse Flora de demy corps, tenant vn rameau en main, & de belle taille.

Vne agatte fine. 7.

A l'autre rond y a vne agatte fine & antique de couleur grise & blanche, ou est la figure d'vn Prestre Luperca, qui d'vne main flagelloit les femmes d'vn foüet de cuir de bouc, pour les faire conceuoir, dedié à la deesse Iuno auec vne branche d'Oliuier, signifiant y aller auec douceur & misericorde.

Vne demie coquille madrée. 8.

A l'autre rond y a vne demie coquille enfoncee, & bien madree de diuerses couleurs, ou il y a au dedans vne teste de mort d'agatte fine fort antique, en relief, & de bonne taille.

Autre demie coquille d'agatte. 9.

A l'autre rond y a vne autre demy coquille d'agatte fine antique, madree & enfoncee comme la precedente, ou y a au milieu vn iaspe en relief d'vn Phœnix couleur grise & iaune, auec tous ses plumages, logé au dedans d'vn nid, où l'on voit autour de iaspe rouge, couleur de feu, l'animal battant ses aisles, se voulant brusler par son mouuement, le fonds dudit nid, demeure d'vne agatte grise, ses trois especes de pierre sont en vne mesme nature, fort industrieusement trauaillees.

Vn iaspe Oriental. 10.

A l'autre rond y vn grand iaspe Oriental, bien poly partie de presme d'esmeraude, où se voyent au dedans la nature de ladite pierre deuant & dehors, beaucoup de diuersitez de nature, comme forests & boccages, & autres diuersitez de figures d'animaux comprises par nature en ladicte pierre fort entremeslee & diuersifiees de couleurs par dedans estant vne excellente pierre.

deux Camaux d'agatte. 11.

A l'autre rond, sont logez deux petits Camaux d'agatte en relief, fine & antique, en l'vne y a vne petite figure d'vne victoire auec ses aisles, en l'autre la teste d'vne deesse Diane de bonne taille & moyenne grandeur.

Presme d'esmeraude. 12.

A l'autre rond y a vne præsme d'esmeraude verte, fine & antique, partie tenant de cornaline, où se voit en relief vn connil vert mangeant, pasturant dans vne forest d'arbres de bonne taille, & de belle grandeur.

Vne petite Cornaline. 13.

Au mesme rond y a vne petite cornaline lon-

F.ij

guette antique garnie d'vn petit bizeau d'or autour, s'estant trouvee en terre de la mesme façon, ou y a des lettres latines en relief, & au dessus le nom de deux freres Romains, nommé l'vn Sabin, l'autre Læzab, lettres fort petites pour estre en relief.   *Vn petit Iaspe rouge fin.*   14.

Au mesme rond y a vn petit jaspe rouge fin & antique, ou est grauee la teste d'vn Antonin le Ieune.

Vne Cornaline fine.   15.

A l'autre rond y a vne Cornaline fine & antique grauee d'vn Lucius Verus Auguste, vn peu escrasee au dessus, de bonne grandeur, & belle graueure.

Trois petites Cornalines fines.   16.

A l'autre rond y a trois petites Cornalines fines & antiques, deux grauees, l'autre escrite, vne grauee d'vn temple antique auec vne petite figure au milieu, & l'autre vne figure prosternee en terre, portant du feu en sa main.

Autre Cornaline fine.   17.

A l'autre rond y a vne autre moyenne Cornaline fine & antique de haute couleur, & faite en oualle, ou il y a vne ligne en Epitaphe de lettres Grecques au milieu, auec l'enfoncement d'vne oualle autour, comme vne couronne : & à l'autre part de ladite pierre escrite ladite Epitaphe en lettre Grecque, vn peu escrasee, pour son antiquité.

Vne moyenne agatte fine.   18.

A l'autre rond y a vne moyenne agatte fine & antique tirant vn peu sur le roux, & gris, grauee par dedans de la figure d'vne Iuno, toute entiere & vestuë, tenant en main vne petite figure d'vn Palladion en victoire, la couronnát d'vne victoire auec deux petits animaux autour d'elle d'vne belle graueure.

Vne cornaline fine. 19.

A l'autre rond y a vne Cornaline fine & antique, & d'vne belle couleur, toute ronde en façon d'vn beau cachet graué, son timbre, ses panaches, & vne aigle au dessus, auec les armoiries dans ledict cachet, que n'auons designé, estãt de belle graueure.

Vne agatte blanche. 20.

Au mesme rond, y a vne agatte blanche & grise, antique & fine, & de moyenne grandeur, grauee d'vne Deesse vestalle, tenant vn demy baston en main.

Vne cornaline blanche. 21.

A l'autre rond, y a vne cornaline blanche, bien transparante, antique & fine, grauee de la teste d'vn Apollo de frontiere, auec les cheueux esparpillés, rayons de sa diuinité, grauee iusques à la poictrine, estant d'excellente taille.

Autre cornaline antique. 22.

A l'autre rond, y a vn autre cornaline antique fine, & de belle couleur assés grandette, où y a d'vn costé des lettres Chaldees, ou Arabiques, toute remplies en forme de caracteres.

Autre cornaline fine 23.

A l'autre rond, y a vne autre cornaline antique & fine, de moyenne & espaisse grandeur & belle couleur, grauee d'vn Hercules Romain.

Autre cornaline fine. 24.

A l'autre rond, y a vne autre cornaline antique & fine, d'haulte couleur, bien espaisse, grauee d'vn ieune Orpheus à demy corps nud, s'appuyant sur vne lyre, posee sur vne demie colomne, où gist vn petit souris, discordant les cordes de ladicte

F iij

lyre, d'excellente graueure antique.

Autre cornaline fine. 25.

A l'autre rond, y a vne autre cornaline belle, fine, & antique, où est l'aigle de Iupiter, tenant son chappeau de triomphe en son bec, ses aisles estendues, prestes à voler, s'appuyant sur ses foudres, de belle & antique graueure.

Autre cornaline fine. 26.

A l'autre rond, y a vne autre cornaline antique & fine, de moyenne grandeur, grauee d'vn vaisseau ou nauire Romain, les voiles enflees, & faisant voye en mer.

Vne petite chrysolite fine. 27.

A l'autre rond, y a vne petite chrysolite antique & fine, grauee de la teste d'vn ieune soldat Romain.

Vne petite cornaline fine. 28.

A l'autre rond, y a vne petite cornaline fine & antique, ou est grauee la teste d'vn Roy, couronné de la coronne de diuinité.

Vne petite agatte fine. 29.

A l'autre rond, y a vne petite agatte fine & antique, grauee d'vn ieune philosophe Romain.

Petit camaut à demy corps. 30.

Autre rond, y ayant vn petit camaut à demy corps, d'vn lapis lazury, fin & antique, où est en relief, le portraict d'vne vierge, ses cheueux pendans iusques aux mammelles, de bon relief.

Vne agatte fine. 31.

Autre agatte antique fine, madree de rouge & blanc, où est grauee vne figure toute nuë, assise sur vne demy colomne, ayant vn cœur au deuant de soy, sur autre demy colomne.

Vne cornaline fine. 32.

Autre cornaline fine & antique, de belle couleur, grauee d'vne Deesse Flora de demy corps, tenant vne corne d'abondance en main, remplie des fleurs, & fruictages qu'elle regardoit.

Vne pierre sanguine. 33.

Autre pierre sanguine de couleur grise, fine & fort antique, grauee au costé, & au dedans d'vne oualle de deux figures, encores remplie des figures hieroglyphiques, & autour de ladicte ouale sont escriptes lettres Chaldées, & par derriere ladicte pierre sont grauees autres lettres ou caracteres Caldeens, toutesfois estant vn peu escrasee par en hault, pour sa grande vieillesse, que suyuant le iugement des Aucteurs seruoit aux arts magiques des Egyptiens.

Vne onyce fine. 34.

Autre onyce fine & antique, de bonne grandeur, grauee d'vn rustique à cheual, conduisant sa charruë, de beau gris & noir.

Vne pierre dicte lapis malequites. 35.

Autre pierre antique & fine, nommee lapis malequites, de couleur turquine, & verdoyante, d'vn beau polliment, & bonne grosseur, ayant des proprietés occultes sans graueure.

Vne amethiste blanche. 36.

Autre pierre d'amethiste blanche, fine & antique, de moyenne grandeur, grauee d'vn Adonis, venant de la chasse, auec son leurier au deuant, vn voile en sa main pendant par derriere, & l'autre main sur sa teste, de belle & excellente graueure.

Vne cornaline fine. 37.

Autre cornaline fine & antique de moyenne grandeur, où est assis vn berger sur vne pierre, iouant de sa musette, audeuant d'vn simulacre, posé sur vne demy colomne appuyé contre vne branche de bois ramee, auec vn petit vase au deuant dudit berger, luy offrant son holocauste.

Vne agatte fine. 38.

Autre agathe fine blanche, & noire, apres l'antique, grauee de deux figures, l'vne tenant vn arc en la main, & l'autre faisant sacrifice sus vn petit autel & a costé y a vne petite cornaline escrite des lettres blanches.

Vn iaspe rouge fin. 39.

Aux petits ronds en haut aux entredeux des grãds y a vn petit jaspe rouge fin, vn peu depoli & escrasé par vn bout, y ayant deux aigles portant vn trophee de victoire.

Vne cornaline fine. 40.

Vne moyenne cornaline fine & antique, bonne graueure, y ayant vne figure droite plantee sur son pied, sa lance en main, tenant vn compas escrasé. *Vne Onyce fine.* 41.

Vne Onyce grise, blanche & noire autour, grauee par le milieu d'vn vase long remply de fruitages auec des balances à trauers.

Autre Onyce petite. 42.

Autre petite Onyce fine & antique, de gris & noir, grauee d'vn Escurieu mangeant des fruitages. *Vne cornaline fine.* 43.

Autre Cornaline fine & antique d'vne deesse prudence appuyee sur vne colomne tenant vn serpent par le milieu.

Vne agatte fine grise. 44.

Autre agatte grise fine & antique, tenant de l'onyce d'vne fidelité Romaine, tenant au dessus vne corne d'abondance des espics, fleurs & fruitages.

Vne petite Chrysolithe. 45

Autre petite Chrysolithe, tirant sur le vert, antique

que & fine, où est grauee la teste d'vne Faustina emperiere. *Vne Onyce fine.* 46.

Autre Onyce fine & antique dans les petits entre deux grise & noire, grauee d'vn sacrificateur, portant trois pains à la main : & à l'autre vne poignee d'espics de bleds pour sacrifier à la deesse Ceres. *Autre Onyce fine.* 47.

Autre Onyce petite fine & antique, grise & noire, d'vne figure assise dans vne chaire, tenant vne pomme à la main, & de l'autre appuyee sur vne verge, representant l'autorité Imperialle.

Petite cornaline fine. 48.

Vne petite Cornaline fine & antique, & de belle couleur, grauee d'vn Mars, armé de son casque en teste, sa lance, & son escu. *Vne Onyce fine.* 49.

Vne Onyce fine & antique tenant du gris, & du Sardonio grauee d'vn soldat armé, portant ses hardes & son bagage.

Vne cornaline fine. 50.

Autre Cornaline fine & antique grauee d'vne victoire triomphante auec ses armes.

Vne Onyce fine. 51.

Autre Onyce fine & antique grise & noire, grauee d'vn petit Cupidon auec vn brandon à la main dextre. *Vn Camaut d'agatte fine.* 52.

Vn Camaut assez gros d'agatte fine & antique, de la teste d'vn Cupidon, de belle graueure.

Medailles d'or antiques au nombre de xvij.

Et dans l'accomplissement des ronds de ladite table sont logees, & posees six medailles d'or, ou il y en a cinq des douze Empereurs qui seront cy apres nommees, & six autres moyennes du temps de Constantin le Grãd, & de Constantin son fils, cy apres designees auec leur poids.

premierement.

1 Vne medaille d'or fin, antique du poids de cinq deniers quatorze grains d'vn Titus Vespasianus Imp. Aug. pater maximus: sa renuerse le signe du Capricorne, trauersant au dessus d'vn globe.

2 Autre de Cæsar Vespasianus pater: sa ranuerse vne Rome victorieuse assise sur la despoüille de deux escus, & son casque en teste, & de mesme poids de l'autre.

3 Autre d'Antonius Pius Aug. Pater: sa renuerse vn Prestre ancien qui presente & fait feu sur vn autel auec ces mots, *Vota suscepta*, estant de mesme poids de l'autre.

4 Autre de Tit. Claudius Cæs. Aug. Germanicus Imp. sa renuerse vne couronne de chesne Ciuique nommee Querna auec des lettres au derriere, *Ex senatusconsulto ob fines saluatos*, du poids de six deniers.

5. Autre, de mesme poids, d'vn Tib. Cæs. Diuus Aug. sa renuerse, *Pontifex Maximus*, auec vne deesse de victoire assise, portant en sa main vn Palladion, & à l'autre vne lance.

6. Autre, du poids de trois deniers & demy, d'vn Arcadius P. P. Augustus, sa renuerse vne figure droicte, tenant vn captif sous ses pieds, vne victoire en main, escripte, *Victoria Augusti*.

7. Autre, du mesme poids, d'vn Iouinus P. P. Augustus: sa renuerse, vne figure tenant vne victoire en la main gauche, vn captif sous ses pieds, & vne banniere à sa main droicte, escripte *Restitutor Reip.*

8. Autre de mesme poids, d'vn Constantinus magnus, tenant la Croix auec le monde en main droicte, & vne Croix sus sa couronne: la renuerse

la figure d'vne victoire auec des aisles, le monde & la Croix sur sa main gauche, & vne Croix à sa main droicte, escripte victoire Aug.

9. & 10. Autres deux petites, du poids d'vn denier quatre grains, l'vne de Constantius, sa renuerse d'vne petite victoire en figure, tenant le monde & vne Croix en main: & l'autre de Constantin le Ieune fils du grand, sa ranuerse vne petite Couronne Citique auec ses attaches par en bas, & vne Croix au milieu.

11. Autre petite de mesme poids d'vn denier quatre grains, n'ayant sceu lire les lettres pour leur petitesse.

12. Autre du poids de trois deniers & demy, d'vn Anthemius P. F. Augustus: sa ranuerse, deux figures qui tiennent vne lance à chasque main, tenant entre deux le monde auec la Croix par dessus en triomphe, & escrit à dos, *honor*.

Cinq autres petites pesant vn demy escu pieces, cy apres designees. Premierement.

13 Vne petite medaille de Di. Iustinianus Pius: sa renuerse, vne figure au milieu, portant en sa main le signe de la Croix & vne estoille au dessus de l'autre main, escrite autour *Victoria Augustorum*.

14. Autre de D. N. pl. A. Valerianus Pius: sa renuerse, vn chapeau de laurier de triomphe, auec le signe de la Croix au milieu dudit chapeau, & est escrite dessous, Conob.

15. & 16. Deux autres de Anastasius Fl. P. F. Aug. sa renuerse, vne figure ayāt vn chapeau de triōphe en main, escrite victoria Aug. & au bas Conob.

17 Autre de Fl. Valentinianus P. F. Aug. sa renuerse, vne couronne de laurier escrite dessous,

G ij

Conf. & au milieu vn grand I. premiere lettre de Iesus.

Figure d'vn Iaspe Heliotrope vert d'vne vestale antique. Chap. 19.

Vne figure de jaspe Heliotrope vert, antique, & en relief d'vne vierge vestalle de demy corps, de la hauteur d'vn poulce & demy, auec vn diademe de cornaline, garnie dans vne coquille, & nische de nacre, & vn petit vase par dessus, la soustenant sus vn petit croissant d'argent, garnie d'vn pied d'en bas, en façon de colomne, percee de jaspe rouge, de la hauteur de trois poulces; vn grosgrain de jaspe en bas, & vn de Calcedoine en haut seruant d'embellissemēt & de pied à ladite figure, repose le tout sus vne piece d'Agatte taillee à pans, enfoncee au milieu d'vne belle grosseur.

Vne boulle de Cristal en roche. Chap. 20.

Vne boulle assez grosse de cristal de roche, bien polie, logee par dessus d'vne petite boette, pierre de balantique, en façon d'escritoire, estant bien rouge & toute entiere, posee sur vn plat de mesme terre antique & bien rouge, le tout sur vn petit morceau de colomne ronde auec sa molure de marbre Grec blanc, luy seruant de pied.

Autres deux boulles de mesme. Chap. 21.

Deux autres boulles de cryftal fin & bien net, de la grosseur d'vn estuit de paulme, logees dans le creux de deux salieres de jayet faictes en triangle auec chacune quatre petites colomnes, portant lesdites tables, de la hauteur, lesdites salieres de trois poulces ou enuiron.

Autre piece de Cristal. Chap. 22.

Vne piece de Cristal de roche, bien pollie, & percee; ayant vne pierre Cornaline aussi percee par dessus, & en sa definition, vne lunette de cristal, garnie & renfoncee pour voir le point de la perspectiue, estant logé au milieu de l'estage, au parement dudit Cabinet.

Dix gros grains d'agatte.   Chap. 23.

Au deuant ladite estage pedillent dix gros grains d'Agatte fine, faits en oualle sans estre nullement percez.

Trois coquilles en plat.   Chap. 24.

Au dedans dudit estage & en bas, il y a trois coquilles faictes en plat, enfoncees de nacre, bien polies dedans & dehors, tirant sur la couleur de l'opalle, seruant à embellir ledit estage, & d'vne bonne grandeur.

Vne figure d'vn Ecce Homo.   Chap. 25.

Dans ledit estage, & au milieu dudit cabinet y a vn tableau sur vne planche de cuiure de la figure d'vn Ecce Homo, flagellé & peint à l'huile de bonne main, ses molures autour de bois d'Ebene, & au dessus dudit quadre sont logees deux oualles en rond, au milieu des planches de cuiure esmaillé de diuerses couleurs auec crotesques, & rabesques bien industrieusement faictes.

Deux salieres de jayet.   Chap. 26.

Deux salieres en oualle de jayet, auec chacune quatre colomnes de mesme, y ayant à chacun des fonds, la figure d'vn sainct Iacques aussi de mesme jayet, de bonne grandeur, & de l'haulteur de six poulces.

Deux petites pieces d'artilleries.   Chap. 27.

Au costé desdictes figures, & dans le mesme estage sont deux petites pieces d'artilleries, auec ses fustages & roüages, l'vne d'yuoire, & l'autre de jayet.

G iij

Vn larmoir de terre antique. Chap. 28.

Vn petit larmoir dans ledict estage, de terre verte antique, trouuee dans vn sepulchre, y ayant au dessus vne teste de marbre, iusques aux mammelles, d'vne Diane antique.

Deux plats en figure esmaillés. Chap. 29.

Deux grands plats, logés au dedans dudict bas estage, tous esmaillés dedans & dehors; & au dedans d'histoires de la metamorphose d'Ouide, les bords tous enrichis en rabesque, rehaussés d'or, & de belles couleurs esmaillées, qui sont excellemment faicts.

Vne petite histoire de Berzabee. Chap. 30.

Vne ouale assés grandette, ayant cinq poulces en long, auec vne molure autour d'argent doré, où est cizelee l'histoire de Berzabee, se lauāt dans la fontaine, lors qu'elle fut apperceue par Dauid, de belle taille, & de bonne main & argent.

Autres deux histoires en relief. Chap. 31.

Autres deux ronds d'argent, pendus au costé, où il y a deux portraicts de deux figures en relief, cizellees aprés l'antique d'assés bonne grandeur, l'vne d'vn portraict d'vne courtisanne Venetienne, entournee de perles au col & aux aureilles, bien faicte, dans vne boëtte de cuiure vermeil doré, cizelee d'histoires d'vn costé & d'autre, auec son demy ieon de bonne grandeur. A l'autre boëtte en ouale vn petit plus grāde, & de mesme estoffe, ou est cizellé le demy ieon & doré, où il y a deux grands cristaux, peinturés par vn costé, la peincture de la Resurrection, auec vn Agnus Dei dedans, assés grand.

Autre histoire d'vn petit Dauid. Chap. 32.

Autre ouale d'argent, cizellee & doree d'vn petit Dauid, lors qu'il deffit le Lyon.

Autre d'vn Vulcan. Chap. 33.

Autre oüalle d'argent, de la grandeur d'vn ducaton, taillée en taille douce, d'vn Vulcan auec vn Cupidon de bonne taille.

Autre de la teste d'vn Iesus-Christ. Chap. 34.

Autre rond d'yuoire, enrichy d'vn relief, où est cizellé par dedans la teste de Iesus-Christ molee en plomb.

Vn tableau de cire, du portraict de saincte Marguerite. Chap. 35.

Vn tableau de cire au dedans le cabinet, & au fonds, auec ses moleures, & auec vne belle piece de cristal bien nette au deuant, y ayant au dedans vne saincte Marguerite victorieuse du dragon, estant ses entrailles rompues, ses aisles semees & enrichies de petits rubis, elle bien embellie d'vn camail au col, brasselets, guirlandes, & pandans d'aureille; vne croix en main droicte, & sa palme au costé, auec vne belle roche & concauité de fleurs & enrichissemens, le tout d'vne main tresexcellente, de l'hauteur d'vn pied & vn poulce, & dix poulces en largeur.

Vn petit quadran d'argent. Chap. 36.

Vn petit quadran d'argent en rond, seruant au soleil de iour & de nuict au pole, pour cognoistre les heures, pendu deuant ledict estage.

Deux petits vases d'argent. Chap. 37.

Deux petits vases d'argent façonnés, pendus par deuant ledict estage, seruāt d'embellissement.

Quatre testes d'argent. Chap. 38.

Quatre testes d'argent en medaille, cizellees apres l'antique, auec vne autre piece d'argent, cizellee en rond.

Deux petits tableaux de cire. Chap. 39.

Sur le tableau de saincte Marguerite, y a deux tableaux de cire, faicts en ouale dans des boëttes, y ayant à l'vne la creation de la femme tiree de la coste d'Adam, auec plusieurs animaux, creés dans le paradis terrestre, monstrant la beauté du lieu, le tout en cire de couleur, auec vn verre au deuant. A l'autre y est le portraict de Susanne, se baignant à la fontaine, solicitee des deux vieillards, tout d'vne mesme estoffe, & vn verre deuant.

Dix ronds de terre de malte. Chap. 40.

Aussi dix ronds, de la terre de malte, & terre de S. Paul, figurés dedans & dehors en diuers reliefs, seruant à embellir ledict estage.

Vn cristal de roche fin. Chap. 41.

Au dedans dudict estage, y a vn cristal de roche fin, taillé à facettes, assés espais, percé d'vn costé, representant à l'œil beaucoup de diuersités, regardant le cabinet, & multipliant en mille sortes tout ce qui est contenu en iceluy,

Vn petit Crucifix. Chap. 42.

Vn petit Crucifix bien fait auec sa croix dedans, vne niche ou tabernacle de bois auec ses pilliers à costé dorez & enrichis d'or & d'azur & autres couleurs, au bas duquel est vn petit rocher auec vn long crystal en oualle au dessus, auec deux petites figures de cristal illuminees par le costé de ladicte croix, le tout embellissant le bas du cabinet proprement fait.

Vne boëtte faite en Vase. Chap. 43.

Vne boëtte faite en vase, creuse dedans, faite en torneaux, & besongne de crotelle, le vase de buis, vn dome par dessus auec ses colónes, partie iuoire, & partie Ebene, & autant de vases au dessus des
colomnes

colomnes, le tout de mesme matiere, au milieu dudit dome, y a vn vase auec des fleurs faictes en tornerie, & de diuerse facture: Au dessus dudit dome, il y a vn petit vase d'yuoire s'ouurant, où est au dedans vn autre petit vase de mesme matiere de la grosseur d'vn petit poix, y ayant six quilles, sa piroüette, ensemble dans ledit vase, ne pesant qu'vn grain de bled, ioint tout ce qu'est dedans; Tout le corps dudit vase est de la hauteur de six poulces, auec tout son enrichissement, pesant en tout le poids de trois deniers, qu'est artifice fort ingenieusement fait & tourné, ayant ladite boëtte autre boëtte de bois tournee, pour la fermer. *Quinze medailles de cuyure esmaillees.* Chap. 44.

Au deuant dudit estage, sont penduës quinze medailles en oualle, de bonne grandeur, le fonds de cuiure esmaillees par dessus, de diuers portraits & figures de poësies toutes differētes l'vne à l'autre, posez aux entredeux des grains d'agattes cy deuant designees auec quantité d'autres medailles, & bons plombs molez posez sur le dessus de la haute corniche proche desdites pieces esmaillees qui ne sont point nombrees.

Belle Porceleine garnie d'or de Susanne. Chap. 45.

A costé dudit estage, au pillier seruant de porte au milieu y a vne belle Porceleine pendue garnie d'or autour, auec son fonds esmaillé de rabesque & en espargne, où est en relief & au milieu l'histoire d'vne Susanne, sollicitee des vieillards estāt dans la fontaine d'vne belle & superbe taille, auec vne perle fine au bout.

Quatorze grains de iasperonds Orientaux, Chap. 46.

Au mesme pillier & à costé y a vne couronne de quatorze grains de jaspe ronds, fins & Orientaux,

H

de couleur rouge vn peu moyens & accompagnez de grosseur, auec au milieu vn autre iaspe long de la mesme couleur & longueur de trois poulces garnis d'argent & pendus auec lesdits grains, estãs lesdits grains d'vne tres excellente vertu pour l'estanchement de sang, comme auons veu plusieurs fois par experience.

Petit estuit quarré de cuir. Chap. 47.

Au mesme pillier, & au dessous lesdits iaspes y a vn petit estuit de cuir quarré auec huit pieces d'argent seruant pour l'architecture, sçauoir est deux compas, l'vn en pointe, l'autre portant l'ancre, vn triangle auec le demy pied, seruant de reigle & sauterelle, le Crayon, la plume, le canif, & la pointe pour faire les points en definitions, le tout d'argent bien fait & bien moulé, & de bonne main.

Vne dizaine de iaspe, agatte & Calcidoyne. Chap. 48.

A l'autre pillier & à costé y a vne dizaine enfillee & pendante de gros grains de iaspe, agatte, & calcidoine fins meslez ensemble.

deux Larmoirs de verre. Chap. 49.

A l'autre pillier en haut à main gauche y a deux larmoirs ou fiolle de verre trouuez dans les sepulcres anciens tous entiers.

Quatre lampes de terre antique. Chap. 50.

Au dessus de ladite corniche, & vn peu plus haut y a quatre pieces de lampes de terre antique seruant dans les sepulcres des anciens, où se logeoit le feu perpetuel presque toutes entieres.

Quatre autres lampes de terre cuite. Chap. 51.

Entre lesdictes lampes antiques y a quatre autres vaisseaux en larmoir de terre cuite, les vns longs comme ceux de verre, les autres vn peu larges, qui seruoient pour loger les larmes aux funerailles des deffuncts trouuez dans les tombeaux & sepulcres anciens. *Vne clef de fer antique.* Chap. 52.

Au coin desdits l'armoirs est pendue vne clef de fer antique, & de grand artifice, ou l'anneau du haut est de metail de Corinthe, le pied de dedans de fer, toute barree & ornee d'argent, ses dents & toute la membrure monstrant auoir seruy à quelque excellent edifice, pour son antique fabrique.

Commencement des figures antiques.

Commencement & description des figures de cuiure, bronze, & metail de Corinthe antiques cy apres designees: Premierement sur le pied destral de bois, où est la layette des pierres & medailles fines, cy deuant designees seruant de pie destal, ou est logée.

Vne grande figure de bronze d'vne Diane. Chap. 53.

Vne grande figure de bronze antique, & bien vernissee de la hauteur de deux pieds royaux moins vn poulce, luy manquant le bras droit, & la main gauche (pour sa ruine & son antiquité) ses vestemens & linges bien parfaits, ensemble sa teste & visage qui representoit vne deesse Diane taurisque, suiuant le portrait & dessein que ladite figure marque, ayant esté trouuee en la ville d'Arles & dans terre, en lieu ou y auoit anciennement vn temple dedié à ladite deesse, laquelle figure est d'vne belle grandeur.

Autre à l'Egyptienne de pierre. Chap. 54.

Au dedans de ce cabinet, & sur le milieu, y a vne figure à l'Egyptienne, de pierre verte, comme turquoise sus vn pie destral, de la haulteur de quatre poulces, d'vn petit nain contrefait court des iambes, qui seruoit de ces dieux Larés, que les Egyptiens adoroient, qui est facture fort extraordinaire, la teste fort grosse suyuant le corps, appuyé sur vne base de porphire madré.

Autre d'vn saturne. Chap. 55.

Autre figure de bronze antique, toute nuë & de belle posture, d'vn Saturne, de la haulteur de six poulces, sa main esleuee en hault, & l'autre appuyee contre son corps, la figure vn peu dissipee, pour le temps, & ayant vn peu esté au feu.

Autre d'vn Mercure. Chap. 56.

Autre figure de bronze antique, sus vn pied destral de bois façonné, de l'haulteur de trois poulces & demy, d'vn Mercure, ses aisles en teste, son manteau retroussé, ayant les mains percees, pour s'estre dissipé ce qu'il portoit.

Autre d'vn petit Hercules. Chap. 57.

Autre figure de bronze antique, assis sur vn pied de mesme faict en balustre, d'haulteur de deux poulces & demy la figure seule, d'vn petit Hercules tout nud, assis sur sa despoüille & sur la peau d'vn Lyon tenant vne massuë en main, & en hault appuyee contre sa teste.

Autre d'vne petite Diane. Chap. 58.

Autre figure de bronze antique & vernissee, d'vne petite Diane, de demy corps iusques aux tetins sa trousse par derriere, auec la ceinture qu'elle portoit, sa coiffure & cheuelure, auec vn petit pied destral de mesme matiere, posé sur autre pied destral bois quarré, de l'haulteur de trois poulces ladicte figure seule.

Autre d'vne Pallas. Chap. 59.

Autre petite figure de bronze antique, de demy corps iusqu'aux tetins, d'vne Pallas, son armet en teste, sa poictrine nuë, auec vn linge tombant au dessus, de la haulteur de trois poulces & demy, auec son vernis, posee sur vn pied estral de marbre.

Autre d'vn petit Hercules. Chap. 60.

Autre petite figure de bronze vernissee, d'vn petit Hercules bien planté, tenant la despoüille d'vne peau autour de son dos, & contre son bras, & à main droicte tenant deux pierres en main, de l'haulteur de trois poulces & demy, sur vn pied destral de bois.

Vne teste de bronze antique. Chap. 61.

Autre petite teste de bronze antique & vernissee, sur vn petit pied destral de bois, de l'haulteur d'vn poulce, representant vn Apollo.

Autre figure d'vn Cupidon. Chap. 62.

Autre petite figure metail de Corinthe antique, d'vn petit Cupidon bien planté, faisant sa parque sur vn pie destral de mesme, tenant son arc en main, bandé auec sa flesche, de la haulteur de quatre poulces, auec son dict pie destral.

Autre d'vn porc Sanglier. Chap 63.

Autre petite figure antique de cuiure vernissé, d'vn porc Sanglier de la longeur de deux poulces & demy, posé sur vn petit pied de bronze.

Autre d'vne Semiramis Royne d'Egypte. Chap. 64.

Autre petite figure antique de cuiure vernissé, de l'haulteur de trois poulces & demy, bien plantee & toute nuë, d'vne Semiramis Royne d'Egypte, tenant vn allicor à son costé par sa corne, le voulant attacher auec ses cheueux, posee sur vn pie destral quarré, auec deux petites figures gemelles par deuant, molees en plomb, contre ledict pie destral.

Autre d'vne Diane. Chap. 65.

Autre figure moyenne de bronze antique, auec son vernis de la haulteur de quatre poulces &

H iij

demy, les pieds d'enbas manquant, posée sur vn pied estal de bois, d'vne Diane venant de la chasse, sa robe retroussee, son arc en main, mettant la main à sa trousse, sa perruque du deuant esleuee, ayant vne teste de bellier de bronze, qui a esté trouuee ensemble auec ladicte figure.

Autre d'vn Iupiter. Chap. 66.

Autre petite figure de brōze antique d'vn Iupiter posé sur vn pied estal de mesme sa main gauche esleuee en haut cōme poussant ses foudres, la main droite à demy rompue, de la hauteur de quatre poulces moins vne ligne.

Autre d'vne deesse vestalle. Chap. 67.

Autre petite figure antique de bronze, d'vne Deesse vestalle auec son mante sur la teste, tenant en main sa coupe du sacrifice, de la hauteur de trois poulces moins vne ligne, posee sur vn pied estal de bois.

Autre d'vn petit Mercure. Chap. 68.

Autre petite figure de bronze antique d'vn petit Mercure, ayant vn linge autour du col & du bras, & à sa main droite vne bource, assis & posé sur vn pied estal de marbre de la hauteur de deux poulces & deux lignes.

Autre d'vn autre Mercure. Chap. 69.

Autre petite figure de bronze antique, d'vn autre Mercure, son manteau sur l'espaule gauche, tenant sa bource en sa main droite, son chapeau à la teste, de l'hauteur de deux poulces & demy, assis sur vn petit pie destal de bois, auec de petites coquilles autour & au dessus.

Quatre figures de terre cuitte. Chap. 70.

Quatre petites figures de terre verte cuitte & enuernissee, antiques, assises chacune sur pieds de marbre, ayant esté trouuees dans les sepulcres des Egyptiens, qui tenoient anciennement leurs dieux quand ils mouroient, les corps embaumés dans leurdicte sepulture, de l'haulteur chacune de trois poulces.

Autre à l'Egyptienne. Chap. 71.

Autre figure de mesme à l'Egyptienne, posee sur vn petit pied destal bal de terre antique, de l'haulteur de quatre poulces & demy, escripte tout au long dés au deuant des lettres hierogliſiques à l'Egyptienne.

Autre d'vn dieu Marmoset. Chap. 72.

Autre petite figure antique de bronze, trouuee dans lesdicts sepulcres desdicts Egyptiens, d'vn dieu Marmoset, auec sa barbe, ayant vne de ses iambes rompues pour sa vieillesse.

Autre figure d'vn demy corps. Chap. 73.

Autre figure d'vn demy corps de bronze, depuis le nombril en bas rompue, tirant quatre poulces de long, qui a esté la ruyne des antiques.

Autre d'vn sainct Paul apres l'antique. Chap. 74.

Autre figure de bronze d'apres l'antique, sur son pied estal de mesme, d'vn pourtraict en relief de sainct Paul Apostre, de quatre poulces d'haulteur.

Les susdictes figures sont logees rang pour rang au dedans du premier estage dudict Cabinet.

FIGVRES LOGEES AV PLVS
hault estage du susdict Cabinet.

PREMIEREMENT.

Figure d'vne matrone Egyptienne. Chap. 75.

Vne figure & teste d'vne matrone Egyptienne, depuis les tetins en hault antique, taillee d'vne pierre dure & bien durement viue, accoustree & vestue à l'Egyptienne, posee sur vn pie destal de bois quarré, de l'haulteur de trois poulces.

Autre d'vne deesse Merenne. Chap. 76.

Autre figure d'vne demy teste, creuse par dedans, d'vne deesse Merenne, auec vn voile sur sa teste, ladicte teste seulement iusques au col, de la haulteur de quatre poulces & vne ligne, estant de bronze antique, posee sur vn pie destral de bois quarré, auec ses mouleures.

Autre d'vne deesse à demy corps. Chap. 77.

Autre figure moulee apres l'antique, & de bonne main, d'vne deesse à demy corps depuis les tetins en hault, & toute nuë, son mante retroussé par en bas, ayant vn croissant sur sa teste, representant vne Diane matiniere, de l'haulteur de cinq poulces & demy, posee sur vn pie destal de bois, faict en tornerie.

Autre d'vne deesse Vestalle. Chap. 78.

Autre figure de bronze d'apres l'antique, d'vne deesse Vestalle ayant son mante sur sa teste, pendant au dessous son bras, belle posture, ses habillemens retroussés par deuant, ayant ses bras esleués, preste à faire sacrifice, de l'haulteur de cinq poulces, posee sur vn pied estal de bois torné.

Autre d'vn Apollo. Chap. 79.

Autre figure de bronze d'apres l'antique, d'vn
petit

petit dieu Apollo, bien planté sur ses pieds, tenant vne lance à vne main, & de l'autre main, comme vn petit rondache ja rompu, la figure est toute nuë, bien plantee, de l'haulteur de quatre poulces & demy, posee sur vne boulle, & sur vn pie destal de bois taillé à pans.

Autre d'vn petit Hercules. Chap. 80.

¶ Autre figure de bronze bien antique, d'vn demy corps, le dedans creux d'vn Hercules en sa ieunesse, vn linge autour du col, ayant des serpens autour des bras, les violentans par sa force representant sa marastre la deesse Iuno, les luy auoit mis estant au berceau, que luy par sa force & adresse deschira estant de superbe taille, & pour sa vieillesse vn peu frustree à des endroits de la hauteur de cinq poulces, posee sur vn pied estal de bois quarré.

Autre d'vn Satyre. Chap. 81.

Autre figure de bronze de l'antique d'vn Satyre sur vn genoil, demy corps humain, & demy beste, tenant à sa main dextre, vne piece d'vne corne d'abondance, l'autre main percee ayant vne queuë derriere son dos, & deux petites cornes en sa teste, ayant en la main qui porte la corne, vn miroir de cristal en perspectiue bien clair de la hauteur de sept poulces.

Autre d'vne vierge violee. Chap. 82.

Autre petite figure de marbre Grec antique, d'vne teste depuis le col en haut, representant vne vierge violee, ses cheueux pendans de la hauteur de quatre poulces posee sur vn pied estal de bois quarré auec ses moulures.

Autre de terre cuite à la sacerdote. Chap. 83. Autre petite figure de terre cuite faite à la sacerdote, qui a esté trouuee dans vn sepulcre auec vn larmoir,

I

ladite figure logee dans lesdits seplucres, represente le dueil & tristesse de ses parens, comme monstre le larmoir, de la hauteur de cinq poulces.

Autre d'vne teste de marbre Grec.   Chap. 84.

Autre petite teste de marbre Grec antique, & de bonne main de la hauteur de deux poulces & demy posee sur vne boulle de porphire blanc & noir & sur ladicte boulle reposent deux pieds de marbre antique, ioints ensemble depuis la cheuille en bas ayant seruy autrefois à quelque terminus.

Vn Crucifix d'albastre Grec.   Chap. 85.

Au milieu dudit estage y a vn beau Crucifix d'albastre Grec, transparant posé sur sa croix de couleur d'Ebene semé de larmes d'or auec vne teste de mort d'yuoire aux pieds, posee sur vn pied estal de bois où sont trois petites figures de bois peintes en relief la Veronique au milieu, tenant l'image de Iesus-Christ en vn drapeau à main droite, vn saint Sebastien attaché au suplice; de l'autre main vn archer tirant des coups de fleches, bien trauaillé auec deux petites testes de cherubins, les aisles dorees & posees contre ledit pied destal ledit Crucifix à vn pied de hauteur.

Vne piece Cristal de roche.   Chap. 86.

Autre piece Cristal de roche bien fine estát derriere le Crucifix, belle & naturelle comme roche d'vne belle grosseur & pesanteur, ayant vne lampe au derriere d'vne extreme clarté qu'elle cómunique à tout le cabinet en diuersité de couleurs, pesant ladicte roche huict liures ou enuiron.

Autre piece de Cristal.   Chap. 87.

Au dessus ledit estage, & par derriere l'autre piece de crystal & du Crucifix sont logees les figures des douze Apostres auec figure de Iesus-Christ au

milieu faisant le treiziesme en relief, & de bonne
sculpture, bien peints & esbauchez en terre cuite
de la hauteur de dix poulces chacune figure.

Trois petits quadres. Chap. 88.

Aux entredeux desdites figures, & sur ledit estage sont posez trois petits quadres, garnis d'Ebene
autour des moullures, auec des figures au milieu
dorees, & de demy relief sur fonds de velours
noir, & aux autres entredeux desdites figures sont
logees de petites histoires & portraits tous illuminez faisant tout ledit compliment.

Autres douze petites figures. Chap. 89.

Audit estage, & en bas pour embellir les entre-
deux y a douze autres petites figures en relief, toutes de deuotion, partie d'albastre partie de terre
cuite esbauchee, & quelques vnes en bois faictes
de bonne main.

douze figures des Empereurs Romains en terre cuite.
Chap. 90.

A l'estage dernier d'enhaut, & faisant le tour des
deux costez sont posees & logees douze figures &
portraits des Empereurs Romains, de bonne
main apres l'antique, estant esbauchez en terre
cuite, & vernissez en couleur de bronze & en demy corps depuis le nombril en haut posee sur des
pieds de mesme terre, & vn chacun la courône de
laurier en teste de mesure competante de hauteur
de douze poulces chacun.

douze tableaux faits en quadre. Chap. 91.

Parmy les douze Empereurs, & sur ledit estage
y a douze petits tableaux faits en quadre, illuminez de diuerses histoires, ou il y en a six entre les
susdits qui sont en pierre naturelle d'albastre,
peints à l'huille, au dessus ladite pierre, d'histoires

faintes en terme, se monstrant transparante suiuant le sujet desdictes histoires, & d'excellente facture y ayant encores entre les deux quadres, & à la frize du tour en haut, & contre le ciel dudit cabinet, les douze figures des Empereurs moulees en platre & en oualle, d'assez bonne main seruant d'embellissement.

Quantité de plomb moulé. Chap. 92.

A l'entour desdits estages y a grande quantité de figures moulees en plomb de diuerses histoires, tant de l'antique poësie, que deuotions, pendues ausdits estages pour embellissement, faisant en tout le nombre de cent y estant encores pendues ausdits estages de medailles & figures moulees en albastre, & partie de plastre en ronds de portraits de figures, & autres histoires au nombre de quarante cinq.

Deux chandeliers d'albastre. Chap. 93.

A costé sur le deuant dudit estage & proche du Christ sont posez deux chandeliers d'albastre auec chacun la figure de la fortune en relief, son voyle estendu.

AVTRES FIGVRES D'APRES L'AN-
tique regnante au dessus la table & tout au long
dudit cabinet: où est Premierement,

Vn Neptune auec son trident. Chap. 94.

A l'estage d'en bas, & au long de la table du cabinet des pierreries, & à main droite y a vne figure d'vn Neptune auec son tridét en main, bien planté & de bel artifice apres l'antique fabrique, posé sur vn piedestal de bois tourné auec ses moullures dessus & dessous vne coquille sur sa teste, & vn autre sur son pied, bien vernissé de la hauteur d'vn pied trois poulces & demy.

Autre d'vn cheual Centaure. Chap. 95.

Autre figure sur la mesme table moullee apres l'antique, & bien vernissee, d'vn cheual Centaure, moitié homme, moitié cheual, esleué sur ses deux pieds deuant, rauissant & emportant vne vierge entre ses bras toute nuë, & esploree & se lamentant d'vne fort belle architecture, reposant sur vn pie destal de bois, ayant ladicte figure & cheual, vn pied & demy en son hauteur.

Autre d'vne femme nuë, Adromeda. Chap. 96.

Autre figure excellente moullee apres l'antique & vernissee, d'vne féme nue, bien platee representāt la figure d'vne Andromeda, ors qu'elle fust exposee au monstre marin, assise sur vn pie destal de bois tourné auec ses moullures, & bonne fabrique de la hautheur d'vn pied trois poulces.

Autre d'vne nymphe, & Diane nuë. Chap. 97.

Autre figure moullee & vernissee d'apres l'antique, en relief d'vne nymphe & en compagne de Diane toute nue, & sortant de la fontaine cachant sa fragilité du deuant, se mettant vne main sur ses tetins, comme effrayee d'auoir esté apperceue toute nuë de la hauteur depuis le genoil en haut de neuf poulces, appuiee sur vn pied estal de bois, comme les autres.

Autre d'Adam & Eue. Chap. 98.

Autres deux figures par dessous ladite table moullees en plastre de bonne main, & industrieux artifice où sont representees les figures d'vn Adam, & Eue, nos premiers peres estans tous deux nuds, & sans aucune honte de leur pudicité, s'entrebrassans & se regardans l'vne l'autre.

Autres d'vn S. Iean, & d'vn S. Iaques. Chap. 100.

Au costé de ladicte figure sont posees deux au-

I iij

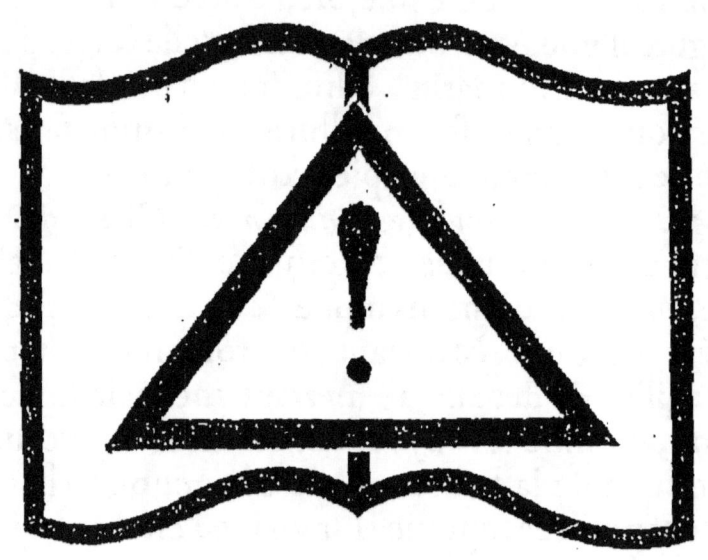

PAGINATION DECALEE

tres figures d'albastre blanc de moyenne taille, où est à l'vne la figure d'vn S. Iean Baptiste, & à l'autre vn saint Iaques le Majeur, tenant son bourdon en main d'vn pied de hauteur chacune.

Vn vase de terre antique. Chap. 101.

A l'estage ou sont les susdits Empereurs, y a vn vase de terre antique cuite faite à la morisque Indienne, y ayant tout autour dudit vase des figures auec façon de rabesque entredeux, taillees en ladite terre figures rousses, le fonds & tout le champ noir de la hauteur de neuf poulces.

Figure d'vn homme hetique. Chap. 102.

Vne figure pres dudit vase sur vn piedestal de bois quarré auec ses moullures autour, d'vn hommelangui, couché & estendu sur vn linge, son bras sur sa teste esbauché & cuit en terre, & peint par dessus suyuant le naturel de ladicte figure d'vne bonne main.

Huict tableaux peints a l'huille. Chap. 103.

Huict tableau à l'estage plus hault, sans corniche peint à l'huille, de diuerses figures & portraicts apres le naturel, d'vne bonne main.

Cinq tableaux peints à l'huille. Chap. 104.

Autres cinq grands tableaux peints à l'huille à l'estage basse, auec ses quadres & moulures, bien enrichis, ou sont les portraicts & figures des quatre docteurs de l'Eglise, bien peints & representés; & au cinquiesme, est le portraict de la Vierge, baisant & embrassant son petit enfant, de bonne main & peincture, de la haulteur de deux pieds & demy, & de deux pieds de large chacun.

Autre grand tableau. Chap. 105.

A costé desdicts cinq tableaux, & à la mesme frotiere, est vn autre tableau, aussi peint à l'huille,

& ſes moullures de couleurs d'ébene, où eſt peinte la Vierge, eſtant en Egypte, & nourriſſant ſon petit enfant jà grandelet, aſſiſtee de ſainct Ioſeph, & d'vn ange qui la ſeruoit, ladicte peincture d'vne main excellente d'Italie, de l'haulteur de trois pieds & demy, & de deux pieds, neuf poulces en largeur.

Autre grand tableau. Chap. 106.

Autre grãde piece, & de la hauteur de trois pieds & demy, & quatre pieds & demy en longueur, & à l'autre frontiere, à l'huille bien élaboree, y ayant vn payſage d'excellente main, de l'hiſtoire d'Agar la chambriere d'Abraham eſtant au deſert auec ſon petit enfant triſte & deſolee, appellee par la voix d'vn Ange, à la maiſon de ſon ſeigneur & maiſtre, auec ſon beau quadre de bois de noyer enuerniſſé & façonné tout autour.

Deux autres tableaux. Chap. 107.

Autres deux tableaux à coſté de meſme grandeur que les autres, & ſes moulures autour, enrichis & peints à l'huille, & d'vne bonne main, à l'vn y a vn ſainct Nicolas de Tolentine en contemplation: à l'autre vne noſtre Dame de pitié, ayant la figure de ſon enfant entre ſes bras, & ſur ſes girons, de bonne inuention & trauail.

Roche naturelle. Chap. 108.

Aux bancs d'en bas, où ſont leſdictes hiſtoires, y a vne roche naturelle, de bel artifice, accompagnee de beaucoup de curioſités à ce ioinctes, comme ſont bonnes & belles branches de coral, & pieces de criſtal, auec vne petite figure de Ieſus-Chriſt en relief, au deſſus & au deuant vn ſainct François Capuchin en relief, proſterné en terre, le tout comme foreſts, de l'haulteur d'vn pied, neuf poulces & vn pied en largeur.

Autre rocher naturel & artificiel. Chap. 109.

Autre rocher artificiellement faict de plusieurs choses naturelles, comme coral & cristal, où est representee la baulme de saincte Marie Magdalene penitente en relief, couchee sur la roche, auec plusieurs poinctes de diuersités de pierres & coral en brache pour l'enrichir, auec la figure d'vn Crucifix en relief au dessus & sommet de ladicte roche: le tout est bien accompagné.

Autre petit rocher naturel. Chap. 110.

Autre petit rocher naturel, au costé de ladicte baulme, & se tenant à part, il y a vne roche de coral, portant plusieurs branches autour, enrichies de plusieurs autres diuersités de pierres pour son embellissement.

Quatre figures de bronze. Chap. 111.

Au dessus dudict estage, se voient quatre pieces de bronze, moyennes & quarrees, de deux histoires de la passion, de demy taille bien faictes: & les deux autres, sont histoires sainctes, estans creuses & enfoncees pour en tirer modelle, en papier ou plastre.

Vn pied de cuir artificiel. Chap. 112.

Au mesme estage, & au deuant il y a vn pied apres le naturel, de cuir bien-faict auec ses doits, s'ouurant par le tallon, y ayant vn petit tiroir, seruãt à tenir plumes & canifs; au dessus dudict pied, y a vne mollette d'escriptoire, garnie d'argent, s'ouurant & fermant, pour tenir l'ancre à escrire, le tout d'vne boëtte d'argent, ledict pied bien peinct & damasquiné de couleurs.

Autres

Autres choses naturelles au mesme cabinet.

Deux petits poissons ronds. Chap. 113.

Au deuant ledict pied, cy deuant designé, sont pendus & enfillés deux poissons ronds comme des esteufs, d'vn bon esteuf de paulme, se nomment (*Pisces lunarij*) ayans vn petit museau poinctu comme vn rat auec les dents en sa bouche, son nés bien façonné, ses deux yeux, & ses petites oreilles par costé, par dessus son rond a vne petite queuë ronde, & deux petites aisles en façon de queuë (*Orbis*) pour sa ronde forme qui approche à celle du monde, que les Latins disent, *Orbis*) se treuuant ledict poisson aux Indes de l'Amerique.

Autre de stella maris. Chap. 114.

Au milieu desdicts poissons, est pendu & enfillé autre poisson marin, appellé, *Stella maris*, ayant cinq poinctes comme vne estoille bien faicte & proportionnee & de moyenne grandeur.

Autre en façon de vermisseau. Chap. 115.

Autre poisson, tout au costé, en façon de vermisseau, ayant sa teste & ses iambes, nommé par les anciens, *Remora*, animal de grande vertu, comme dict Pline, faisant arrester les vaisseaux, alors qu'il se met au timon ou gouuernail d'icelles.

Roche nommee Coralina. Chap. 116.

Vne roche bien naturelle nommee Coralina, où se voit vne brache de coral en herbe en façon d'vn arbre bien branché estant encores en la qualité d'herbe bien ployante, toutefois de couleur vn peu rouge, monstrant en ce la nature & origine du coral n'estre qu'herbe à son commencement, mais puis qu'il s'endurcit, & se rend pierre belle, dure, & frangible.

K

Autre roche naturelle. Chap. 117.

Autre roche naturelle portant vne belle branche de coral ja parfait & endurcy, n'estant point polly, où il y en a vn autre par costé, ja coral vieux ayant esté rompu, se monstrant comme vn arbre qui par sa grande vieillesse deuient sec.

Autres roches, tant naturelles qu'artificielles. Chap. 118

Au costé l'on voit sur vn pillier de roches naturelles, & artificielles d'vne branche de corail auec sa racine & nature d'en bas faite comme vn pennache & plume de paon bien entrelassé, auec toutesfois ses branches plus grosses entredeux, monstrant par la beauté de sa nature, iceluy estre congellé & endurcy, toutesfois estant encore ployable.

Coral blanc en sa nature. Chap. 119.

A costé dudit coral en pennache y a vne piece de coral blanc de diuerse nature de coral, bien ensemblément entremeslé, monstrant la beauté de la nature par ce diuers meslange, estant ladite bráche bien grande, longue & de belle proportion.

AVTRES PIERRES FINES ET NATVRELles treuuees en vn tiroir à part. Premierement.

Vne Calcedoine fine. Chap. 120.

Vne grande calcedoine fine, & en relief de l'antique d'vne teste, comme la figure d'vn Soleil, percee à trauers, de belle grandeur.

Vne agatte fine. Chap. 121.

Autre pierre d'vne agatte fine & antique, d'vne teste en relief, & en forme de Cherubin, ses cheueux bien longs, pendans sur les oreilles, & faite en ouaille, de la grandeur d'vn ducaton.

Autres deux agattes. Chap. 122.

Autres deux agattes fines sans taille, fort entremeslees de diuerses figures & couleurs, & de plusieurs natures de pierres fines par dedans.

Vn cristal en oualle fin. Chap. 123.

Vn cristal en oualle fin, & de pierre bien seche, où se voit par dedans des rochers & païsages en verdure congellez, & formez dans la nature de ladite pierre, lequel ouurage est tout naturel, par congellation de ladicte pierre.

Vn cristal en triangle. Chap. 124.

Autre cristal en pierre fine, de forme quasi en triangle, vn petit plus grandet que l'autre, où se voit congellé dans la nature de ladite pierre, mesmes païsages & rochers naturels verdoyans que la nature a retenu & graué dans la mesme pierre, qui est chose merueilleuse à la nature, posee sur vne fueille, & dans vne batte de plomb pour mieux representer le naturel.

Autre cristal roche fine. Chap. 125.

Autre cristal roche fine taillee d'vn costé tant seulement, ou se void à la culate vn païsage de longue perspectiue auec forests, bocages & montagnes, ayant esté aydee par l'artifice de la main, y ayans faits quelques petits animaux, & figures sur vne fueille par derriere, qui est d'vne industrieuse facture. *Vne grande agatte quarree.* Chap. 126.

Vne grande agatte quarree sans aucune taille, bien entremeslee de blanc & de gris, estant de belle grandeur sans graueure.

Deux pierres de foudre. Chap. 127.

Deux pierres de foudres l'vne de grãdeur extraordinaire de la longueur de quatre poulces & demy, trouuees dans terre, & prouenuës des foudres.

Vne petite roche. Chap. 128.

Vn morceau de roche de bonne grandeur où se voyent de grandes fueilles d'herbes conuerties en

K ij

nature de pierre endurcie le tout au naturel.

Autre roche. Chap. 129.

Autre nature de roche congelee par la mesme nature où se voyent des fueilles de buis en branche, conuerties au mesme naturel.

Autre roche. Chap. 130.

Autre roche naturelle, se voyāt des boccages, brāches biē entrelassees & entremeslees ensemble, conuerties en mesme nature. Et plusieurs autres belles congellations, que pour prolixité n'ay daigné escrire, seruant à des fontaines, & en grand nombre.

Encor vn plat de terre rouge antique. Chap. 131.

Dans le mesme cabinet s'est trouué encores vn plat de terre rouge antique nommee terre de bal, & par dessus y a vne racine où est vne figure des testes en relief, d'vne estrange maniere, faictes comme testes d'Elephant, des demons, & autres figures differentes toutes en nombre de quatre, toutesfois chose naturelle, & fort admirable en sa nature, de moyenne grandeur.

Vne petite Croix de cristal. Chap. 132.

Encores dans ledict Cabinet, y a vne petite croix de cristal, garnie d'argent doree & bien enrichie, illuminee d'vne part & d'autre, de la figure d'vn Iesus-Christ, & d'vne nostre Dame bien faicte, ou ledict cristal se trouue vn peu rompu.

Vne petite nauire de iayet. Chap. 133.

A costé de ladicte Croix, y a vne nauire de iayet noir, de moyenne grandeur, taillee en relief, & apres le naturel, signifiāt la nauire de l'Eglise, où se voit au milieu de l'arbre, vn Iesus-Christ, à main droicte vn sainct Pierre, & à main gauche vn S. Paul, auec le sainct Esprit au dessus de l'arbre: A l'autre costé de ladicte nauire, se voit la figure de la

Vierge, tenant son petit enfant, appuyee contre ledict arbre à sa main droicte, vn sainct Iacques le Majeur Apostre: à main gauche S. Iean l'Euangeliste, auec vn sainct Esprit au dessus l'arbre de ladicte nauire, ayant d'vne main & d'autre, sa prouë & sa poupe bien representee pour ladicte figure, y ayans au dessus ladicte nauire, deux petits Agnus Dei fichés, le tout fort industrieusement trauaillé pour sa petitesse.

Vn petit Autel d'yuoire. Chap. 134.

Encor' audict cabinet, y a vn petit Autel d'yuoire, tout d'vne piece, de la haulteur de sept poulces, & cinq poulces en largeur, y ayant en relief, quatre histoires du mystere de la Passion, & fort antique de la primitiue Eglise, & de bonne taille, à l'vne il y a vne descente de Croix, à l'autre, Dieu mis au sepulchre, à l'autre Dieu descendant aux enfers pour la deliurance des Saincts Peres, & à l'autre le trespas & la sepulture de la saincte Vierge, auec tous les Apostres ensemble, fort industrieusemēt taillé de beau yuoire antique, & transparant à la clairté, & encores sur le mesme autel, y a vn autre petit Autel de mesme yuoire, se fermant à deux portes, vn peu plus moderne, & plus clair que l'autre, où est Iesus-Christ en Croix, auec la Vierge saincte sa mere, & sainct Iean l'Euangeliste: de l'autre costé est la Vierge tenant son enfant entre ses bras, auec deux Anges par costé, tenant chascun vn chandelier en main, de bonne taille moderne, & ledict yuoire fort trasparant.

Autre piece d'yuoire. Chap. 135.

Autre piece d'yuoire quarree, seruant de base, où est logee, au dessus, vne nostre dame de pitié en relief, de mesme yuoire, tenāt son enfāt sur son giron, auec deux petits Anges par costé, de mesme matiere, portant vn chascun, des mysteres de la Passion, & contre le derriere de ladicte Vierge, y a vne Croix d'ébene, esleuee en hault, vn Crucifix au millieu, son Epitaphe & vne mort, le tout de mesme matiere, & d'vne bonne main.

Autre piece d'yuoire.　　Chap. 136.

Autre piece d'yuoire, en façon de boëtte, s'ouurant & fermant auec ses charnieres, garnie de cuiure doré auec ses pallestrages, où y a vne petite fermeure, auec vn petit cadenat, de la grosseur d'vn petit poix chiche faict d'or, & d'argent, & vne perle pendante, s'ouurant & fermant, toutes-fois, auec vne petite clef d'or percee par le milieu, fort ingenieusement faict & bien petit.

Vne boëtte d'ébene.　　Chap. 137.

Vne boëtte d'ébene petite, faicte en façon de quadran, s'ouurant par le milieu, garnie d'or, ses bizeaux, crochets, & billieres, où l'on voit deux portraicts, l'vn de Iesus-Christ, l'autre de la sain-cte Vierge sa mere, bien illuminés & d'vne bonne main, auec chacun vne oualle de cristal par deuant.

S'ENSVIVENT LES MEDAILLES
d'argent qui sont dans le pierrier cy deuant designé au chapitre dixseptiesme.

Premierement.

Augustus. Chap. 138.
Vne medaille d'argent antique d'vn Augustus: sa ranuerse les ancilles & bloquiers Romains escrite Cæsar tertius. *Lucius Metellus.*
Autre de Lucius Metellus: sa ranuerse, Caïus Marius Consul Romain.

Autre d'Augustus.
Autre d'Augustus du Triumuir: sa ranuerse, Marcus Antonius. *Autre d'Antonius Pius.*
Autre forree d'Antonius Pius: sa ranuerse, la deesse d'Esperance. *Autre de Vespasianus.*
Autre de Vespasianus: sa ranuerse, le triomphe de Vesta. *Autre de Caligula.*
Autre d'vn Caius Cæsar dit Caligula: sa ranuerse la victoire du pont, escrite Imp. Cæsar.

Autre d'vn Traianus.
Autre d'vn Traianus: sa ranuerse *senatu populo Romano*, d'vne figure triomphante auec sa corne d'abondance. *Autre du mesme.*
Autre d'vn Traianus Imp. sa ranuerse, vne victoire tenant la patere du sacrifice en main.

Autre d'Augustus.
Autre d'Augustus; sa ranuerse triumphante du triumuir. *Autre Grecque.*
Autre medaille grecque; sa ranuerse, la teste d'vne Diane du Massa Leon.

Autre Antoninus P. Aug.
Autre d'Antoninus P. Aug. sa ranuerse, la louue

allaittant les deux enfans Romains.

Autre Grecque.

Autre Grecque de la teste d'vne Diane : sa ranuerse vn lyon, escrite Massa. *Petillius Consul Rom.*
Autre de Petillius Consul Romain : sa ranuerse, deux coureurs à cheual.

Lucius Cotta Consul Rom.

Autre de Lucius Cotta, Consul Romain : auec sa ranuerse vne victoire sur vn chariot tiré par quatre cheuaux. *M. Agrippa, Consul Rom.*
Autre de M. Agrippa Consul Rom. sa ranuerse, vn triomphateur triomphant dans vn chariot, tiré par quatre cheuaux, escrite Roma.

Domitianus Imp.

Autre de Domitianus Imp. sa ranuerse, vne victoire portant son escu & sa lance en main.

Tiberius Claudius Imp.

Autre de Tib. Claudius Imp. auec sa ranuerse, prudentia Aug. *Geta Triumuir. Consul Rom.*
Autre de Geta Triumuir, Consul Romain : sa ranuerse, vn cheual & vne figure ranuersee à terre.

Maximinus Aug. Imp.

Autre de Maximinus Aug. Imp. sa ranuerse, *Salus Augusti*, d'vne figure assise tenant sa platere en main. *Antoninus le Ieune.*
Autre d'Antoninus le jeune : sa ranuerse, deux figures par derriere d'vne concorde Romaine.

De la teste d'vne Diane.

Autre de la teste d'vne Diane auec sa ranuerse d'vn lyon, escrite Massa. *Gordianus Imp.*
Autre de la teste d'vn Gordianus Imp. sa ranuerse *victoria Aug.* *Antoninus pius le jeune.*
Autre d'vn Antoninus P. le Ieune, sa ranuerse, *concordia militũ*, auec quatre enseignes Romaines.

Trois

Trois Grecques.

Autre Grecque, d'vne Maſſa leon : ſa ranuerſe, la teſte d'vne Diane.

Autre de meſme : auec meſme ranuerſe.

Autre de meſme : auec meſme ranuerſe vn lyon a coſté.   *Valerianus.*

Autre d'vn Valerianus : ſa ranuerſe, *Liberalitas Auguſti.*   *Antonius le Ieune.*

Autre de Antonius le Ieune : ſa ranuerſe, *ſumma ſacerdos Auguſti.*

AVTRES MEDAILLES D'ARGENT
conſecutiuement rangees rang par rang, ſuyuant leur ordre, auec autres medailles & medaillons d'argent, cuiure & metail de Corinthe antique.

Iulius Cæſar d'argent.   Chap. 139.

Medailles d'argent de Iulius Cæſar Imp. ſa ranuerſe, vne victoire eſcrite *Iulia mater.*

Autres deux de Cæſ. & Pompee : ſa ranuerſe a d'vn coſté vn Elephant, eſcrite *Cæſ.* & de l'autre coſté le baſton augural auec la haſche, & les inſtrumens ſeruans au ſacrifice.

Autre dudit Iulius Cæſ. ſa ranuerſe, vne figure couchée en terre comme receuant la mort.

Diuus Auguſtus d'argent.

Medailles d'argent de Diuus Auguſtus Imp. ſa ranuerſe vn Taureau couché tenant le pied gauche en terre.

Autre dudit : ſa ranuerſe, les ancilles & boucliers Romains, eſcrite autour, *Cæſ. triumuir.*

Autre dudit : ſa ranuerſe vne figure eſcrite autour *Salus Auguſti.*

Autre dudit triomphant dans vn chariot tiré par quatre cheuaux : ſa ranuerſe la robe Conſulaire

L

auec le chapeau Ciuique.

Autres deux Cæf. D. Aug. fa ranuerfe vne figure affife efcrite, *Fælicitas*.

Autre dudit: fa ranuerfe le figne du Capricorne, teftiant vn monde entre fes deux pieds & vne corne d'abondance au deffouz.

Autre dudit, fa ranuerfe, les ancilles & bloquiers Romains, auec le bafton Augural.

Autre dudit: fa ranuerfe, vn taureau la tefte entre fes iambes.

Autre deux dudit: fa ranuerfe, les ancilles Romaines auec le baftõ augural, & deux figures par cofté.

Autre dudit fourree; fa ranuerfe de mefme.

Autre de T. Cæf. D. Aug. fa ranuerfe, vne figure affife, tenant vne lance en main, & de l'autre vne branche de fueilles, efcrite P. M.

Tiberius Cæf. &c. d'argent.

Medaille de Tiberius Cæf. Aug. Imp. fa ranuerfe, vne figure affife fur vne chaire, tenant fon fceptre en main efcrite P. M.

Autre Tib. Cæf. adolefcens: fa ranuerfe, vne figure affife, efcrite P. M.

Autre Tib. Claudius Imp. fa ranuerfe, vne figure affife tenant vne fleur en main appuyee fur vne lance.

Autre Tib. Claudius, fa ranuerfe Agripina Aug. fa mere.

Autre dudit: fa ranuerfe, vne figure affife auec vn laurier en main. *Caligula d'argent.*

Medaille de C. Cæf. dicte Caligula: fa ranuerfe, vne victoire ayant vn trophee d'armes monftrãt auoir eu guerre contre les Cimbres.

Autre dudit: fa ranuerfe de mefme. *Claudius Nero.*

Medailles de Claudius Nero. Cæf. Germanicus

Imp. Aug. fa ranuerfe, deux cheualiers courans à cheual, l'vn portant fa banniere, & l'autre tenant fon dard en main, efcrite, S. C. & deffouz, decurfio.

Autre dudit, fa ranuerfe, vne figure affife fur vne chaire, ayant fon patere en main, efcrite *Salus*.

Galba.

Medaille de Sergius Galba: fa ranuerfe vne couronne Ciuique, efcrite S·P·Q·R· & apres, *ob ciues feruatos*.

Vefpafianus.

Medaille de Vefpafianus Cæf. Imp. Aug. fa ranuerfe, vne tour qui eft remplie de gens de guerre en fortification.

Autre dudit, fa ranuerfe vn aigle au deffus le temple de Iupiter, efcrite, *Confecratio*.

Autre dudit: fa ranuerfe, vne figure droite facrifiant fur vn autel, efcrite *via viatorum*.

Autre dudit fa ranuerfe, vne figure affife fur fa chaire reprefentant la hauteur Imperialle.

Autre dudit, fa ranuerfe, vne figure affife tenant vn rameau en main.

Titus.

Medaille de Titus Vefpafianus: fa ranuerfe, *Iudea capta*.

Domitianus.

Autre dudit, fa ranuerfe de mefme *Iudea capta*.

Medaille de Domitianus Aug. Imp. fa renuerfe, vne victoire armee.

Autre dudict: fa renuerfe, vn Cheualier monté à cheual.

Autre dudict: fa renuerfe, vne figure appuyee fur vn pillier, efcrite *Prudentia Augufti*.

Autre dudict: fa renuerfe, vn Mars portant fon Caducee auec la robe facerdotale.

Autre dudict: fa renuerfe, vn foldat militaire armé auec fon efcu & fa lance.

Autre dudict: fa renuerfe, vne victoire armee

auec son bloquier en main, ayant vn vaisseau ou nauire sous ses pieds.

Autre dudict: sa renuerse, vne figure d'vn legionaire armé auec son escu.

Autre dudict de moyēne grandeur: sa renuerse, vne deesse de fortune auec sa corne d'abondance en main, escripte, *Fortuna Augusti*.   *Nerua.*

Medaille de Nerua Traianus: sa renuerse, vne victoire auec ses aisles, presentant sacrifice sur vn autel.

Autre dudict: sa renuerse, la figure du Dieu Esculapius tenant sa verge en main.

Autre dudict, ayant esté doree: sa renuerse, la fidelité & concorde.

Autre Sergius Nerua Traianus: sa renuerse, la figure d'vn Hercules tout nud, escripte, T.P.P.M.

Traianus.

Medaille de Q. Traianus Decius: sa renuerse, deux figures en ses habits vestaux.

Autre dudict: sa renuerse, vne figure vestuë tenant des prouisions sur ses pieds, escripte, *Pro via Pacis*.

Autre dudict: sa renuerse, vne figure assise sur vne chaire, escripte, *Virtus Augusti*.

Autre dudict Q.T.D. nob. Cæs. sa renuerse, vne figure droicte tenant vn vase des fleurs en sa main.

Hadrianus.

Medaille d'Hadrianus Imp. Aug. sa renuerse, vn temple auec vne idole par dessus.

Autre dudict: sa renuerse, vne figure habillee à la sacerdote, tenant vn oyseau en main.

Autre dudict: sa renuerse, vn grand Croissant de Lune, auec sept estoilles au dessus, signifiant les sept planettes.

Autre dudict Hadrianus: ſa renuerſe, vne figure aſſiſe, tenant vne corne d'abondance auec ſa patere en main droicte auec vn Cupidon à ſes pieds.

Autre dudict battuë en Grece: ſa renuerſe, vne figure droicte auec quelques lettres en Grec.

Autre dudict: ſa renuerſe, vne figure droicte portant vne corne d'abondance en ſa main, eſcripte, Azia. *Antoninus.*

Autre de M. Antoninus Pius: ſa reuerſe, vne figure tenant la patere en ſa main.

Autre Antoniuus Pius le ieune: ſa renuerſe, vne figure tenant deux enſeignes Romaines en ſa main, eſcripte, *Fidelitas.*

Autre dudict: ſa renuerſe, vne figure aſſiſe ſur vne chaire, eſcripte autour, *Poteſtate Auguſti.*

Autres deux petites de M. Antonius: ſa renuerſe, vne teſte à chacun, eſcripte, M.A.

Autre petite dudict: ſa renuerſe, vne figure tenant ſa corne d'abondance en main, eſcripte, *Reſtitutor Aug.*

Autre de M.A. Voltheyus: ſa renuerſe, la deeſſe Cerés dans vn chariot, & deux flambeaux en main, tiree par deux ſerpens.

Trois petites dudict: ſa renuerſe, M.A.

Autre dudict: ſa renuerſe, la figure d'vne eſperance à trauers.

Autre petite de M.A. & Auguſte: ſa renuerſe, l'vnion de deux ſerpens contre vn autel, auec vne victoire coronnant leſdits ſerpens.

Autre dudict triumuir: ſa renuerſe, vn homme triomphant ſur quatre cheuaux. *Lucius.*

Medaillon de Lucius Plancus Conſul Romain: ſa renuerſe, la figure d'vn grand Apollo de Rhodes, auec vne victoire par derriere tenant trois cheuaux, escripte sous ses pieds, *Plancus*.

Autre medaillon dudict: sa renuerse de mesme.

Autre medaille de L. Cæs. sa renuerse, deux figures voyageres, escripte au costé, E. R.

Autre de L. Aurelius: sa renuerse, deux cheuaux tirans vn triomphateur.

Autre de L. Cotta, triomphant dans vn chariot, tiré par quatre cheuaux, sa renuerse, la robe consulaire, auec le chapeau Ciuique, escrite par dessus *Consensus*.

Autre Lucius Valerius, auec vne figure nuë, portant des armes en main: sa renuerse, la teste de Venus troussee auec ses cheueux, ayant vn aisle de Cupidon à son derriere.

Autre L. Thorius, chef de l'armee d'Auguste: sa renuerse, vn cheual rampant auec des lettres au dessous, *L. Thorius*.

Autre de L. Flauius, escripte *Roma*: sa renuerse vne victoire sur vn chariot portant sa couronne, tiré par deux cheuaux.

Autre de L. Aurelius & seulement sa teste: sa renuerse, vne figure tiree par quatre cheuaux.

Autre L. Aurelius Imp. Aug. fourree: sa renuerse, la trophee de l'augure du sacrifice.

Autre de L. Pansa C. R. sa renuerse, vn triomphateur conduit par quatre cheuaux.

Autre de L. Sergillius: sa renuerse, vn homme faisant courir vn cheual, escripte E. S. C. & en bas *Roma*.   *M. Aurelius*.

Medaille de Marcus Aurelius: sa renuerse, vne figure assise, tenant vn petit enfant au deuant, luy baillant doctrine.

Autre dudict Aurelius F. Imp. sa renuerse, le vase & tout le seruice du sacrifice.

Valerianus.

Medaille de Valerianus C. P. Lic. Imp. Aug. ſa renuerſe, vne figure tenant vn rameau en main, & vn palladion de l'autre.

Autre dudict: ſa renuerſe, vn bout auec vn petit enfãt au deſſus, & eſt eſcrite au tour, *Iouis Creſcens*.

Autre petite dudit Val. Max. ſa renuerſe la figure de Iuno, eſcripte, *Iuno Auguſta*.

Autre de Vibius Valerianus: ſa renuerſe, vne figure ayant les balances en main, eſcripte au tour *Æquitas Auguſti*.

Autre dudict: ſa renuerſe, vne figure droicte tenant vn chien en ſa main, eſcripte autour, *Conſ. fidei Reip.*   *Siluius Othon.*

Medaille de Siluius Othon: ſa renuerſe, vne figure tenant vne corne d'abondance en main, & des eſpics de bled.

Autre dudict: ſa renuerſe, vne figure droicte tenant vne corne d'abondance & ſa patere en main, eſcripte P. M.   *Pompeius.*

Medaille de Pompeius auec vn Elephant par coſté: ſa renuerſe, le baſton de l'augure, auec le vaſe du ſacrifice.   *Seuerus Alexander Aug.*

Medaille de Seuerus Aug. Alexander: ſa renuerſe, vne figure armee, tenant ſon eſcu & ſa lance, eſcripte, *Victoria Aug.*

Autre d'Alexander Roy des Epirhotes: ſa renuerſe, la victoire d'vn animal terreſtre, victorieux cõtre d'autres animaux, eſcripte en lettre Grecque, *Piranti*.

Autre d'Alex. Macedonius: ſa renuerſe, deux figures enſeignees par ſon precepteur.

Autre Seuerus Pontifex: ſa renuerſe, vn chapeau de laurier auec vn Cupidõ, triõphant ſur vn bouc.

Autre Seuerus Pius: sa renuerse, vne figure assise en terre, tenant des espics en sa main.

Autre Seuerus Alexander ieune: sa renuerse, vn victorieux dans vn chariot cõduit par 4. cheuaux.

M. Grecques de Massa Leon.

Medaille Grecque de Massa Leon: sa renuerse, la teste d'vne Diane auec vn Lyon.

Autre de mesme: sa renuerse, vn Lyon.

Cinq autres de mesme: leur renuerse de mesme.

Autre d'vne Diane: sa renuerse, vn sanglier.

Autres deux Massa Leon: mesme renuerse d'vn sanglier.

Autre petite Gotique: sa renuerse, vn palmier auec deux branches au tour.

Autre, la teste d'vn Hercules representee: sa renuerse, est vne banniere Grecque, appuyee sur le trident de Neptune.

Autre petite d'vn homme à cheual: sa renuerse, escripte, *Iesus Christus*.

Autres deux Massa Leon: sa renuerse, comme dessus.

M. des Triumuirs & autres. C. R.

Medaille d'vn Augustus triumuir: sa renuerse, vne victoire auec ses aisles.

Autre de Drusus triumuir, tenant vn chapeau de Cerés à sa teste: sa renuerse, vne table tribunale, seruant à mettre l'argent des soldats, escripte au dessus, L. Furien. F.

Autre de Castor & Pollux gemeaux, auec deux estoilles dessus leur teste, escrite Rufus Trium-vir: sa ranuerse, la figure de la iustice escrite *Concordia*.

Autre de Quintus Cincinnus trium-vir: sa ranuerse, vne masse d'vn Hercules en sa main.

Autre trium-vir, auec la teste d'vne Diane à costé:

sa

sa ranuerse, la fidelité portant le Caducee de Mercure en sa main.

Autre de Varius Quintilius Coronel d'Auguste: sa ranuerse le baston augural, auec la laictue & strigile, & autre chose seruant au sacrifice.

Autre de Furius Camillus, ayant son morion, vn laurier, & des aisles au dessus: sa ranuerse, vn triomphant sur vn chariot tiré par deux cheuaux escrite *Roma*.

Autre de Sabinus: sa ranuerse, deux à cheual, qui rauissoient les Sabines.

Autre Quintus Fabinius C. Romain, escrite au dessous *Roma*. sa ranuerse, vn triomphateur sur vn ch-tiré par quatre cheuaux.

Autre de la guerre Naualle du triumvir, auec son nauire & ses rancs, par Antonius & Pompeius, contre Caius Cæsar: sa ranuerse, trois enseignes romaines.

Autre petite d'vn Crispinus: sa rauerse escrite *honor*.

Autre de Cyriades Consul Romain, ayāt vn heaume en teste escrite au deuant sa face Cyria: sa ranuerse, vn oracle auec vne demy figure au deuant, escrite *C. N. Magnus*.

Autre fourree d'vn Consul Romain: sa ranuerse, vn triomphant sur quatre cheuaux.

Autre de la teste d'vn Esculapius, entournee d'vn chapeau de laurier, escrite derriere, *salutis*: sa ranuerse, vne figure appuyee contre vn pillier, escrit *Trium Vir Vacillus*.

Autre dudit: sa ranuerse, vne figure appuyee sur vne demie colomne escrite *Trium vir M. Vacillus*.

Autre de la teste d'vn Romain, escrite *Sacer*. sa ranuerse, vn triomphant dans vn chariot conduit par deux cheuaux.

M

Autre de Regulus dit Regilianus cap. Romain : sa ranuerse, deux tables où se payoit la solde militaire, & trois enseignes au deuant, escrite au dessouz *Regulus*, & dessus *L. Liuineius* son tresorier.

Autre triumvir, & la figure de Rome : sa ranuerse, quatre cheuaux en course.

M. Philippus.

Medaille de philippus Roy de Macedoine Imp. Aug. sa ranuerse vn Aigle posé sur ses deux pieds Comme cheminant auec des lettres Grecques.

Autre dudit P. Arabien succedant à Gordianus : sa ranuerse vne figure droite, tenant vne corne d'abondance en main, & vne balance escrite, *æquitas Aug.*

Autre dudit : sa ranuerse, vn Mars assis sur son bouclier, tenant vne victoire en main, & de l'autre vne lance escrite autour, *Dominabitur æternitas.*

Autre dudit : sa ranuerse, vne figure escrite autour *æquitas iustitia.*

Autre dudit : sa ranuerse, le temple d'Apollo flamboyant.

Autre dudit : sa ranuerse, vn Mars armé, ayant vne victoire en main.

Autre dudit, P. Pius : sa ranuerse, vne figure tenant vne corne d'abondance en main, auec la platere du sacrifice.

Autre dudit : sa ranuerse, la figure de Iuno, escrite tout autour *Iuno Augusta.*

M. Brutus & Cato.

Medaille de Marcus Brutus : sa ranuerse C. Cassius.

Autre de Marcus Cato : sa ranuerse vne victoire assise sur vne chaire ayant des aisles.

Autre dudit Cato : sa ranuerse, vne figure assise tenant vne coupe en main, escrite *I D R I A*.

Autre dudit Cato: sa ranuerse, vne victoire assise sur vne chaire ayant des aisles.

Deux Pauius Currit: sa ranuerse, vne victoire triomphante sur quatre cheuaux dans vn chariot, escrite, *Const. R.* *Geta Cæs.*

Geta Cæs. sa ranuerse, vne victoire dans vne forteresse. *Gordianus.*

Medaille de Gordianus le jeune: sa ranuerse, la figure d'vn Hercules, escrite *victoria Augusti*.

Autre dudit Gordianus Pius: sa ranuerse, la figure de Iupiter escrite *Auistator*. *Melius Ioui statori*, ou *Auistatori*, ou *Auis stator*.

Autre dudit & nepueu de Balbinus: sa ranuerse, vne foy de deux mains iointes ensemble, escrite *Concordia Augusti*.

Autre dudict: sa renuerse, vn legionaire armé, viateur.

Autre dudict Pius Verus: sa renuerse, vne figure droicte, qu'est escripte autour, *Ioui statori*.

Autre dudict: sa renuerse, vne figure armee, tenãt vn heaume d'vne main, & de l'autre vne lãce.

Autre dudict: sa renuerse, la figure d'vn Mars, tenant vne lance d'vne main, & de l'autre vne poignee des espics, escrite autour *Virtus Augusti*.

Autre dudit: sa ranuerse, vne figure droite, tenant vn espic de bled en main, escrite *Securitatis*.

Gallienus.

Medaille de Gallienus: sa ranuerse, vn soldat portant vn trophee d'armes sur son col.

Autre dudit Pa. sa ranuerse, vn trophee d'armes auec deux escus, & deux figures couchees au dessouz.

Autre dudit: sa ranuerse vn trophee d'armes.

Trois autres dudit: sa ranuerse, le visage d'vn so-

M ij

leil rayonnant.

Autre dudit: mesme ranuerse.

Autre dudit: sa ranuerse, vn trophee d'armes.

Metellius.

Medaille de Metellius: sa ranuerse, vne figure droicte, tenant vne corne d'abondance en main, escrite *Prouidentia Augusti*. *Vibius Trebius Gallus*.

Medaille de Vibius Trebius Gallus: sa rāuerse, vne figure à demy vestuë auec mots *Felicitas publica*.

Autre dudit: sa renuerse, vne figure droite estant nuë, escrite autour *Felicita publica*.

Postumus Imp.

Medaille de Postumus: sa figure à demy armee, presentant sacrifice, par ranuerse.

Autre dudit: sa ranuerse, vne figure droite, regardant les cieux, escrite, *Diuina facta*.

Autre dudit: sa ranuerse de mesme. *Gratianus*.

Medaille de Gratianus Imp. Aug. sa ranuerse, vn petit enfant assis en terre, tenāt vne corne d'abondance en main.

Autre dudit: sa ranuerse, vne figure assise tenant vn Palladion en main, escrite, *Vrbs Roma*.

Celius Balbinus.

Celius Balbinus: sa rāuerse, vne foy de deux mains iointes ensemble, escrite, *Concordia Augusti*.

Autres medailles des Imperatrices, & autres d'argent. Premierement.

Agrippina.

Vn grād medaillon d'Agripina, mere de Claudius Neron: ayant pour ranuerse, vn chariot tiré par deux mulets, escrite, *Memoria Agrippinæ*, auec des lettres S. P. Q. R.

Autre d'Elias Auriga Israëlita: sa ranuerse, lorsqu'il fut rauy sur vn chariot de feu.

Autre d'vne grãde forme des antiques Hebrieux, où se voit d'vn costé le vase où reposoit le feu perpetuel deuant l'autel : sa ranuerse, la branche d'vn arbre auec sa tige, representant l'arbre Iessé, escrite tout autour en lettres Hebraïques, l'interpretation desdictes lettres sont, *Hierusalem Sancta*, s'appellãt monnoye de Cicle, desquelles on auoit coustume d'en donner trois au rachapt des enfans masles dediez au téple pour l'offrãde des riches, & les pauures bailloiét vn pair de pigeõneaux, ou de torterelles. Genebrard en ses Chroniques dit que ceste monnoye estoit battuë du temps de Dauid leur Roy.

Medaille de saincte Heleine d'or.

Autre Medaillon de sainte Heleine d'or, mere de Cõstatin le grand, marquee d'vn costé d'vn Ange auec l'Annõciation de la sainte Vierge, & de lettres Grecques a costé : & de l'autre a pour renuerse, vn aigle Imperiale rampante, au dessus de sa teste est la figure d'vne grande cité, qui represente la grande Monarchie de l'Empire, ayant esté enfoncee auec ses doigts diuinement, lors qu'elle bailloit la solde à ses soldats, au voyage qu'elle fit d'outre mer en la Syrie, trouuant pour lors l'Inuention saincte Croix en Hierusalem, laquelle selon les anciens antiquaires est chose de grãde reuerence, du poids de trois deniers quatre grains.

Vne Princesse des Macedoniens.

Autre petite d'vne princesse des Macedoniens : sa ranuerse, vn taureau battant de ses pieds la terre, & vn poisson plus bas, comme dans vne mer, auec quelques lettres Grecques.

Vne à l'honneur de Cibelle.

Autre petite Grecque, battuë en l'honneur de Cibelle : sa ranuerse vn Minotaure couronné d'vne

M iij

victoire, auec des petites figures fouz ſes pieds.
Tomyris.
Autre de Tomyris royne des Maſſagettes, ayant vne peau de teſte de bouc auec ſes cornes ſur ſa teſte ; à ſon coſté, vn vaſe en façon de goubelet : ſa ranuerſe, vne deeſſe fatale & vn ſerpent ſur vn rond au deuant d'elle.
Plautina Augusta.
Autre de Plautina Auguſta, vxor Traianis : ſa ranuerſe, deux figures faiſant concorde en mariage.
Iulia Augusta.
Autre de Iulia Aug. fille d'Octauian Aug. qui fut mariee auec M. Agrippa, remariee auec Tiberius Cæſar : ſa ranuerſe, la figure d'vne deeſſe aſſiſe ſur vne chaire eſcrite, M. Diana.
Prouidentia.
Autre de la prouidence : ſa ranuerſe, vn autel d'Ara prouidentiæ.
La teste d'vne Diane de bronze.
Autre d'vne petite figure de bronze, par dedans les medailles d'argent, & de la grandeur des autres medailles, d'vne petite teſte de Diane.
Coſſutia domina Augusta.
Deux autres medailles de Coſſutia domina Auguſta : ſa ranuerſe, vne figure droicte, tenant la patere du ſacrifice.
Faustina.
Medaille de Diua Fauſtina : ſa ranuerſe, vn paon pour ſon ſacrifice.

Autre de meſme : ſa ranuerſe, vne figure droite, tenant vn enfant ſur ſa main, eſcrite Fœcunditas.

Autre de meſme : ſa rauerſe vne vierge veſtale eſcrite, Veſta.

Autre de la teſte de la princeſſe des Amazones : ſa ranuerſe vne figure dans vn chariot, tiree par deux cheuaux, eſcrite Pulcher.
Salonina Aug.
Medaillon de Salonina Aug. mere de Galien : ſa ranuerſe vne figure aſſiſe tenant vne corne d'abondance en main, eſcrite autour Felicitas publica.

S'ENSVYVENT LES MEDAILLONS
antiques de cuyure, metail de Corinthe cy
apres deſignez. Premierement.

Iulius Cæſar P. Imp.

Medaillon de Iulius Cæſar, de cuiure dit Caius Cæſar perpetuo.: ſa ranuerſe, la Caducee, la hache, la fidelité, auec le globe, où eſt eſcrite *Leuca*.

Diuus Auguſtus.

Medaillon de cuiure de Diuus Auguſtus Octauianus P. ſa ranuerſe, la couronne Ciuique portee par deux ſerpens eſcrite au milieu, *ob Ciues ſeruatos*. Autre de Corinthe dudit D. Aug. Imp. auec la figure d'vn Empereur aſſiſe ſur vne chaire & Trophee d'armes, & à ſes pieds tient vn rameau, eſcrite autour, D. Aug. T. diuinæ S. P. F. Veſpaſien: ſa ranuerſe, vn Coliſee ou theatre tout parfait, auec vne pointe de pyramide a coſté, & de l'autre coſté vn autre edifice.

Tiberius Cæſ.

Medaillon de cuiure de Tiberius Cæſ. Aug. ſa ranuerſe vn temple auec deux victoires par deſſus chacune deſquelles tient vne couronne victorieuſe, au bas du temple eſcrite, *Romæ & Auguſto*.
Autre de cuiure dudit T. Claudio Aug. ſa ranuerſe vn arc triomphāt auec vne figure à cheual, deux trophees d'armes par coſté, & eſcrite: S. C.

Caligula.

Medaillon de cuiure de Caius Cæſ. Aug. dicte Caligula: ſa ranuerſe, le nom de trois figures eſcrites, *Agripina*, *Bruſilla*, & *Iulia*, à coſté S. C.
Autre de Corinthe, Imp. Caius Cæſ. D. Aug. Caligula, la figure de pitié à ſa chaire, tenant le plat du ſacrifice en main, eſcrite *Pietas*: ſa ranuerſe, vn temple conſacré à la deëſſe de pitié, où l'on voit vn ſimulacre, tenant la patere du ſacrifice en ſa

main droite, reposant l'autre sur des petits enfans, escrite S. C.

Autre de Corinthe de mesme, sa ranuerse aussi de mesme. *Claudius.*

Medaillon de Corinthe de Claudius Nero Cæs. Aug. sa ranuerse le temple de Ianus, escrite, S. C.

Autre de cuiure dudit, sa ranuerse, la figure de Rome, assise sur vn trophee d'armes, tenant vne victoire en main, escrite au dessus, *Roma*, & à costé S.C.

Sergius Galba.

Medaillon de Corinthe de Sergius Galba Imp. Aug. sa renuerse, vn Preteur admonestant ses legionaires, escripte autour, *adlocutio Romana*.

Autre de mesme & dudict: sa renuerse, vne figure droicte, estant appuyee sur vn baston, escrite autour, *liberalitas*, & dessous S.C. & plus bas, R.xi.

Autre de cuiure & dudict: sa renuerse, vne figure de Rome assise sur vn trophee d'armes, tenant vne victoire en main, escripte au dessous, *Roma*. & à costé S.C.

Autre de Corinthe & dudict: sa renuerse, vne figure droicte, demy vestuë, tenant la patere en main, escripte. S.C. *Siluius Othon.*

Medaillon de cuiure de Siluius Othon, suiuie d'apres l'antique: sa renuerse, vn Tribun promettant foy à ses legionaires, escripte, *securitas patriæ*.

Vitellius.

Medaillon de cuiure de Aulio Vitellio Imp. Aug. sa renuerse, la figure d'vn Mars, tenant vne hache à main droicte; à la gauche vn trophee d'armes, auec des despouilles au dessus, escripte S.C.

Vespasianus.

Medaillon de cuiure de Vespasianus Imp. Cæs. Aug.

Aug. sa renuerse, d'vn theatre colisée sans lettres.

Autre de Corinthe & dudict: sa renuerse, vne deesse tenant vne corne d'abondance en main, escripte, *Liberalitas publica*, à costé, S.C.

Autre de mesme & dudict: sa renuerse, vne deesse tenant vne corne d'abondance en main, escripte, *Fortuna Augusti*, à costé S.C.

Autre de mesme & dudict: sa renuerse, vne figure assise auec trois figures s'humiliant à terre, escripte à costé S.C.

Titus Vespasianus.

Medaillon de Titus Vespasianus Imp. Aug. de cuiure: sa renuerse, des figures assises sous vn Palmier captiuees, escripte, *Iudæa capta*. & S.C.

Autre de Corinthe & dudict: sa renuerse, deux figures droictes, presentant le globe à l'Empereur, escripte *Prouidens Augusti*, & S.C.

Domitianus.

Medaillon de cuiure de Domitianus Cæs. Aug. Imp. sa renuerse, vn Tribun assis, promettant la foy à l'Empereur, escripte P. Max. à costé S. C.

Autre de Corinthe & dudict: sa renuerse, vne figure assistee d'vne victoire, la tenant par la main, escripte S.C.

Autre de cuiure des plus antiques & dudict: sa renuerse, vne belle figure, representant la cité de Rome, & toute l'Italie, escripte, S.C.

Nerua, Traianus, & Hadrianus.

Medaillon de Corinthe de Neruá Traiano Imp. Aug. Germ. sa renuerse, vne victoire, tenant trois captifs sous ses pieds, escripte autour, *sub potestate pari data armeniat iusto*, & au milieu S.C.

Autre dudict de cuiure: sa renuerse, la figure du Tybre couchee, escripte au dessous, *Aqua Traiana*.

N

& à costé S. C.

Autre de Corinthe dudict : sa renuerse, la figure de Rome assise sur vn trophee, tenant vne victoire en main, escripte S. C.

Autre de mesme, de Nerua Traiano Hadriano: sa renuerse, vne victoire auec son manteau Pontifical, son sceptre en main, vn paon à ses pieds, & à costé S. C.

Autre de mesme & dudict N. T, sa renuerse, vne victoire auec ses aisles, appuyee contre vn bouclier, escripte S. C. & autour *Spes Aug*.

Autre de mesme & dudict : sa renuerse, vne figure droicte, escrite *Liberalitas Aug*. & à costé S. C.

Autre de mesme & dudict : sa renuerse, vne figure droicte, escripte à costé S. C. & dessous, *Prouidentia*.

Autre de mesme & dudict : sa renuerse, vne figure assise sur son auctorité, auec des lettres rompues, & S. C.

Autre dudict & de mesme : sa renuerse, vne Rome assise sur vn trophee d'armes, tenant vne victoire en main escripte S. C.

Autre de mesme & dudict T. sa renuerse, vne figure portant vne corne d'abondance en main, & vn palladion, escripte S. C.

Autre de mesme & dudict T. Had. sa renuerse, vne vierge faisant sacrifice, escripte autour *Pietas Aug*. à costé S. C.

Autre dudict : sa renuerse, vne deesse assise sur vne chaire auec le sacrifice en main, escripte, *Concordia*, à costé S. C.

Autre d'Ælius Traianus: sa renuerse, vne figure droicte, tenant vne corne d'abondance en main, auec sa patere, escripte *Fortitudo*, à costé S. C.

Autre dudit & de mesme: sa renuerse, vne figure droicte, tenant vn rameau en main, appuyee en bas, escripte, S. C.

Lucius Verus.

Medaillon de cuiure de Lucius Verus Cæs. Imp. Aug. sa ranuerse, vne Pallas armee de son heaume, son escu, & sa lance, escrite *P. Max.* & a costé S. C.

Autre de mesme & dudit: sa ranuerse, vne Rome assise sur vne leurete, auec vne victoire qui le couronne par derriere, vne vertu armee, luy presentant vn rameau en main, escrite par dessus, *Cons. R. III.*

Marcus Aurelius Antoninus.

Medaillon de Corinthe, de Marcus Aurelius Antoninus Imp. Aug. sa ranuerse, deux figures faisant paix escrite en bas, *Concor. patria.*

Autre de mesme & dudit: sa ranuerse, vne figure triomphante dans vn chariot, tirée par quatre cheuaux, comme triomphante de la Grece, escrite, I. M. P. & plus bas a costé S. C.

Autre de mesme & dudit: sa ranuerse, vne figure assise sur sa chaire, escrite autour *prouidentia Aug.*

Autre de mesme & dudit: sa renuerse, vne figure faisant sacrifice à vn autel escrite *pietas,* a costé. S. C.

Autre de cuiure & dudit: sa ranuerse, vne figure armee sur vne chaire tenant vn serpent en sa main, escrite autour *Fortuna concilij.*

Autre de Corinthe & dudit Ant. sa ranuerse, vne figure auec sa corne d'abondance en main, & vn rameau, escrite, *pax Aug.*

Marcus Agripa.

Medaillon de cuiure de Marcus Agripa F. sa ranuerse, d'vn Neptune tenant son trident en main, escrite par costé S. C.

Vne teste d'vn Aug. d'vn costé, & M. Agripa de l'autre, comme capitaine de l'armee dudit Aug. escrite *Cæs. D. F. Imp.* sa ranuerse, vne nauire toute equipee, au voyage d'Ægypte contre Marcus Antonius.

Iulianus.

Medaillon de cuiure de D. N. F. L. C. L. Iulianus P. F. Aug. frere de Constantin le grand, & de Constantius: sa ranuerse, vn taureau furieux: escrite, *Securitas reipub.*

Lucinius III. vir & Tarquinius.

Medaillon de Corinthe de Lucinius S. Tollo iii. vir au milieu S. C. sa ranuerse la couronne Ciuique d'vn laurier autour escrite *Ciuis* au milieu, & *seruator* au dessous.

Autre de mesme de Tarquinius iij. vir, au milieu S. C. & mesme ranuerse.

Tebanus Hercules.

Medaillon de Corinthe de Tebanus Hercules, ayant vn chapeau de vigne autour de sa teste: sa ranuerse, la figure d'vn Hercules, portant la peau d'vn lyon sur son bras, accompagné d'vn Iason, portant la chemise de laquelle fut empoisonné, au dessouz vne petite aigle.

S'ensuyuent les Medaillons des femmes, Premierement.

Faustina.

Medaillon de cuiure vernissé de Faustina Aug. sa ranuerse, vne figure de fecundité, escrite autour *Fæcunditas.*

Autre de mesme de diua Faustina: sa ranuerse, la deesse Iuno, escrite a costé S. C.

Autre de mesme de F. Aug. sa ranuerse, la deesse Lucina, tenant vn enfant à ses mains & deux par costé d'elle, escrite, *in noui lucinæ*.

Autre F. Diua: sa ranuerse, vn cœur enflammé à sa main droite, escrite *Fælicitas*. & S. C.

Agripina M. Cæs.

Medaillon de cuiure d'Agripina Aug. mater Cæsaris: sa renuerse, vn chariot tiré par deux mulets, escrite autour, *Memoria Agripinæ*, au dessous, S. P. Q. R.

Crispinà.

Medaillon de cuiure vernissé, d'Agripina Aug. femme de Commodus: sa ranuerse, vne deesse assise en chaire, tenāt vn rameau en main escrite C.

Iustina.

Medaillon de cuiure de Iustina Aug. Antonini P. F. en sa ranuerse, se voit vn temple, auec vn sacrifice fait au mariage, escrit au dessus S. C.

S'ensuyuent les medailles ordinaires antiques de bronze & metail de Corinthe.

Premierement.

Iulius Cesar P. Imp.

Medaille de Iulius Cesar: sa renuerse, vne victoire assise, estant coronnee d'vne autre victoire.

Augustus.

Diuus Aug. & M. Agrippa escripte Imp. sa renuerse, vn crocodille enchesné auec vne palme, qui signifie la captiuité & prinse de l'Egypte, escripte Col nem, & à costé S. C.

Autre dudict: sa renuerse de mesme.

Autre dudict: sa renuerse, vne aigle assise sur vn globe rond, auec deux lettres S. C. prouid.

Autre dudict: sa renuerse, vn temple escript prouident. & au costé S. C.

Autre dudict: sa renuerse, S. C. escripte *Pontifex maximus trib. P.*

N iij

Autre de la teste dudit Aug. & M. Agripa: sa renuerse, le Crocodille enchesné contre vn palmier, escript au milieu Col nem.

Audit dudict: sa renuerse, vne aigle assise sur vn monde, escripte S. C.

Autre dudict: sa renuerse, escripte S. C.

Autre dudit D. Aug. & M. Agrippa: sa renuerse, vn Crocodille enchesné contre vn palmier, escript au milieu Col nem.

Autre dudit D. Aug. & M. Agrippa: sa renuerse de mesme.

Tiberius.

Tiberius Cæs. Aug. Imp. sa renuerse, vn temple auec deux victoires par dessus, escripte au dessous, *Roma Augusti.*

Autre dudit: sa renuerse de mesme.

Autre Tib. Claudius: sa renuerse, vne figure droicte, tenant son escu en main, & son casquet en teste, escripte S. C.

Autre dudit: sa renuerse, vn Mars armé, escripte à costé S. C.

Autre dudit: sa renuerse, vne figure assise, tenant vne victoire en main, escripte S. C.

Titus.

Autre medaille de D. Imp. Titus Cæs. D. Aug. sa renuerse, est le caducee de Mercure, au milieu S. C. & autour P. *Max.*

Autre dudit Titus Cæs. Imp. Aug. sa renuerse, vne figure nuë, auec vn manteau derriere, tenant sa corne d'abondance en main, escript autour, *Liberalitas Augusti,* & à costé S. C.

Claudius.

Claudius Nero Cæs. Imp. Aug. sa renuerse, vne victoire auec ses aisles, tenant vn globe en sa main escript S.C.

Autre dudit: sa renuerse, deux cheuaux courans, où est escript, *Decursio.*

Nero.

Nero Cæs. Imp. Aug. sa renuerse, vne victoire auec ses aisles tenant le globe du monde en main auec des lettres dedans, & au costé S.C.

Autre dudict Nero: auec sa renuerse de mesme.

Vespasianus.

Vespasianus Cæs. Imp. Aug. sa renuerse, vne figure droicte, tenant vne coupe en main, escripte *Fides publica,* & à costé S.C.

Autre dudit: sa renuerse, vn temple & autel, escript au dessous, *Prouidentia.* & à costé S.C.

Autre dudict: sa renuerse, vne figure droicte, tenant vne corne d'abondance en main par derriere, escripte *Fortitudo reducta,* & à costé S.C.

Domitianus.

Domitianus Imp. Aug. sa renuerse, vne figure assise sur son throsne, auec vn serpent au dessus d'vn autel, escripte *Salus Augusti.*

Nerua Traianus.

Imp. Cæs. Aug. Nerua Traianus: sa renuerse, vne figure assise sur vne chaire, tenant son sceptre en main, escripte à costé S.C.

Autre dudit: sa renuerse, vne victoire auec ses aisles, tenant le monde en main, escripte S.C.

Autre dudict: sa renuerse, vne victoire auec ses aisles, tenant vn globe sur son bras, escripte S.C.

Autre dudict: sa renuerse, vne figure assise tenant vn rameau en main, appuyee sur vn baston, escripte *Libertas publica,* & à costé S.C.

Trajanus.

Imp. M. Q. Aug. Trajanus: sa ranuerse, vne figure nuë, tenant vn trophee en main, & vne enseigne par costé.

Autre Trajanus Decius: sa ranuerse, vne figure armee, vne robe ceinte, tenant vne picque par sa main gauche, & à sa main droite vn rameau, escrite autour *Principium iuuentutis.*

Hadrianus

Imp. Aug. Hadrianus: sa ranuerse, vne couronne Ciuique, escrit au milieu S. C.

Autre dudit: sa ranuerse vne figure droite, escrite S. C.

Autre dudit: sa ranuerse, vne galere voguant en mer, escrite, *Cos. P. vt.* & a costé S. C.

Ælius.

Ælius Hadrianus Aug. sa ranuerse, deux figures faisant vne alliance, escrite S. C.

Antoninus.

P. Antoninus Aug. sa ranuerse, vne figure tenant vne corne d'abondance en main, escrite autour, *Iuno Augusta,* & à costé S. C.

Autre M. Antoninus Aug. sa ranuerse, vne figure tenant vne victoire d'vne main, de l'autre vne enseigne Romaine escrite *Fides exercituum,* & a costé S. C.

Autre dudit: sa ranuerse vne figure assise sur vn trophee d'armes, tenant vne picque d'vne main, & de l'autre vne victoire escrite S. C.

Autre dudit M. Ant. P. Aug. sa ranuerse, vne figure portant vn rameau, escrite *Facta Crussilli,* & à costé S. C.

Lucius

Lucius.

Lucius Verus Aug. Armeniacus Imp. sa ranuerse, vne figure assise en terre, auec plusieurs animaux autour d'elle, escrite au dessous *Armenia*.

Autre Lucillus Aug. Ant. Aug. F. sa ranuerse, vne figure droite, faisant sacrifice au deuant d'vn autel, escrite *Pietas*, & à costé S.C.

M. Aurelius.

M. Aurelius Cæs. Imp. Aug. sa ranuerse, vne Pallas armee, escrite S.C.

Autre dudit: sa ranuerse, vne victoire auec ses aisles, tenant le sacrifice en main, escrite S.C.

Seuerus Alexander.

Seuerus Alexander M. Aur. Cæs. Imp. Aug. sa ranuerse la figure de Iuno tenant sa corne d'abondance en main, escrite *Iunona*. *Aug*. & S.C.

Autre dudit: sa ranuerse vne victoire auec ses aisles, portant en ses bras vne teste de Geant victorieuse, escrite *Victoria Aug*. & S.C.

M. I. Philippus.

Imp. Aug. M. Iul. Philippus: sa ranuerse, la figure d'vne victoire, portant vne courōne & vn rameau, escrite autour, *Victoria Aug*. & S.C.

Autre dudit: sa ranuerse, deux figures assises sur vn tribunal, escrite, *Liberalitas Aug*.

Autre dudit: sa ranuerse, vne figure assise, tenant vne lance en main, estant appuyee à terre, de l'autre, escrite tout autour, *Securis-orbis*.

Autre Seuerus Alex. sa ranuerse, vne vertu portant vn trophee sur ses espaules, escrite, *Victoria Aug*.

Autre dudit, sa ranuerse de mesme.

Gordianus.

Imp. Gordianus P. Aug. sa ranuerse, vn Mars ar-

mé escrite, *victoria*, & a costé S. C.
Autre dudit: sa ranuerse, vne figure droite tenant sa corne d'abondance escrite S. C.
Autre dudit: sa ranuerse de mesme figure, escrite *Felicitas*, & a costé S. C.

Maximinus.

Imp. Maximinus P. Aug. sa ranuerse, vne victoire tenant vn rameau en main. escrite *pax Aug.* & a costé S. C.
Autre dudit: sa ranuerse, vne victoire auec ses ailles, portant vne couronne en main escrite S. C.
Autre dudit: sa ranuerse vne figure assise en son trosne, auec vn serpent au dessus d'vn autel, escrite *Salus Aug.*

Constantinus.

Imp. Constantinus Aug. sa renuerse, vn Mars armé en sa furie.
Autre Imp. Cons. P. sa renuerse, vne figure tenát en main deux bannieres Romaines, escripte *Fœlicitas iuuentutis.*
Autre grande de Magnus Const. sa renuerse, vn M. & dessus dudit M. vne Croix, & lettres Grecques au costé, signifiant le grand Constantin.
Autre F. L. Const. nobilis: sa renuerse, vne figure tenant en main deux enseignes Romaines, escripté autour, *Principium iuuentutis.*
Autre dudict: sa renuerse, vn autel auec deux petites aigles à costé, escripte *Timor fœlix.*

Marcus Agrippa.

Marcus Agrippa F. Cons. tertius: sa renuerse, vn Neptune auec S. C. tenant vn trident en main.
Autre dudict M. Ag. F. Cons. iiij. sa renuerse de mesme.

Medailles des femmes. D. Fauſtina.

Diua Fauſtina Aug. ſa renuerſe, vn temple de fecondité eſcripte au deſſus, S.C.

Autre meſme : ſa renuerſe, vne figure droicte, eſcripte *Æternitas*.

Autre meſme : ſa renuerſe, vne figure droicte tenant ſa patere en main, s'appuyant ſur vne lance, vne biche à ſes pieds, eſcripte *Iunoni Regina*, & à coſté S.C.

Autre meſme : ſa renuerſe, vne victoire auec ſes aiſles, portant vn trophee, eſcripte S.C.

Autre meſme : ſa renuerſe, vne figure droicte, appuyee ſur vne lance, auec vn rameau en ſa main, eſcripte S.C.

D. Auguſta.

Diua Auguſta : ſa renuerſe, vne figure tenant vne palme d'vne main, de l'autre vne poignee de fleurs, eſcripte autour *Hilaritas*, & a coſté, S.C.

Reſtent (Amy Lecteur) mille autres galanteries non eſcriptes pour euiter vne trop grande prolixité, & bien rares pieces que par mon petit trauail & recherche, ie recouure ſouuent pour raſſaſier ta curioſité, ſi elle te porte de me venir voir, & toucher au doigt tout ce que ie t'ay marqué par cy deuant.

www.ingramcontent.com/pod-product-compliance
Lightning Source LLC
Chambersburg PA
CBHW070154230526
45471CB00002B/662